Cyrill von Alexandrien
Über den rechten Glauben

SCHRIFTEN DER KIRCHENVÄTER

Herausgegeben von Norbert Brox

BAND 8

CYRILL VON ALEXANDRIEN

ÜBER DEN RECHTEN GLAUBEN

MEMORANDUM AN DEN KAISER
DREI BRIEFE
ERKLÄRUNG DES
GLAUBENSBEKENNTNISSES

Deutsche Übersetzung
von Otto Bardenhewer
Bearbeitet von Bernd M. Weischer

KÖSEL-VERLAG MÜNCHEN

Die Übersetzung der Schriften ist entnommen aus:
Cyrillus von Alexandrien, Ausgewählte Schriften
Aus dem Griechischen übersetzt von Otto Bardenhewer
(Bibliothek der Kirchenväter, 2. Reihe, Band XII),
München 1935

CIP-Kurztitelaufnahme der Deutschen Bibliothek

Cyrillus ⟨Alexandrinus⟩:
Über den rechten Glauben / Cyrill von
Alexandrien. Dt. Übers. von Otto Bardenhewer.
Bearb. von Bernd M. Weischer. – München :
Kösel, 1984.
(Schriften der Kirchenväter ; Bd. 8)
Enth. u.a.: Memorandum an den Kaiser
[Einheitssacht. : De recta fide ⟨dt.⟩]. – Drei
Briefe [Einheitssacht.: Epistolae tres oecumenicae
⟨dt.⟩]
ISBN 3-466-25038-2

ISBN 3-466-25038-2

Gesamtherstellung: Kösel, Kempten
Umschlag: Günther Oberhauser, München

Vorwort

Bei einer Neuausgabe von Schriften der Kirchenväter darf ein Band mit Werken des Cyrill von Alexandrien, der große Verdienste um die Erklärung und Formulierung des christlichen Glaubensgutes hat, nicht fehlen. Die zentralen Aussagen des Christentums, des Christseins kreisen um das Geheimnis der Inkarnation: Ohne den Glauben an den Gottmenschen als einzigen und einen Vermittler zwischen dieser und der anderen Welt wäre das Christentum seiner Essenz beraubt. Wie und von welcher Seite dieses Geheimnis zu fassen ist, darüber haben Generationen von Theologen nachgedacht.

Gerade die christologischen Diskussionen im fünften Jahrhundert zwischen den differierenden Theologien von Antiochien und Alexandrien erfuhren in jüngster Zeit in gewisser Weise eine Neuauflage, wenn von einer »Christologie von unten« oder von einer »Christologie von oben« gesprochen wurde. Das Problem von Glaubensinhalt und Glaubensformulierung ist nicht nur ein Problem zeitgenössischer Theologie, sondern bestand schon im hellenisierten Orient, wo sich erste Schwierigkeiten bei der Übersetzung griechischer theologischer Termini in andere, vor allem semitische Sprachen ergaben. Auch in der alten Kirche standen sich eine rationalistische Glaubensformulierung und eine rein fideistische Erfassung des Glaubensinhalts gegenüber, wobei aber festzustellen ist, daß in der östlichen Theologie, die viele Sackgassen abendländischer Theologie gemieden hat, ein fideistischer Grundzug vorherrschend ist, ein Grundzug, den man früher nur dem Mönchtum oder den sogenannten monophysitischen Kirchen zuschreiben wollte. Dieser Grundzug ist nicht

nur bei Athanasius oder Cyrill von Alexandrien greifbar, sondern ebenso bei berühmten antiochenischen und nestorianischen Theologen. Im Osten stand immer die sakramentale Erfahrung, die Initiation in die Heilsmysterien, Spiritualität und Mystik im weitesten Sinne mehr im Vordergrund als eine übertrieben-rationalistische Theologie. Die oft zu Unrecht als rein »traditionalistisch« bezeichnete Theologie eines Cyrill von Alexandrien muß auf dem Hintergrund des fideistischen Grundzugs östlicher Theologie gesehen werden. Eine ganzheitliche, fideistische Theologie ist bis in die Anfänge des Christentums zurückzuverfolgen und scheint sich auch heute im Westen erneut anzukündigen.
Severus von Synnada, einer der Konzilsväter zu Ephesus, stand auf demselben Fundament wie Cyrill von Alexandrien, als er auf dem Konzil in seiner – übrigens ganz im klassischen Stil antiochenischer Exegese gehaltenen – Homilie erklärte: »Er hat uns sein Geheimnis anvertraut. Wir wollen die Kraft seines Geheimnisses nicht verderben, indem wir es mit bitterem Munde darlegen. Wenn man es verkehrt darlegt, wird die Gabe des Geheimnisses abgestumpft. Aber selbst wenn wir es ausgewogen darlegen, bleibt es ein Geheimnis.«

Tunis, im September 1983

Bernd Manuel Weischer

Inhaltsübersicht über die Texte

Anmerkung zur Lektüre: Das Zeichen * am Rand des Textes verweist jeweils auf eine *Bemerkung zur Übersetzung;* siehe S. 148f.

1. Memorandum an den Kaiser

In seinem Briefe an Cyrillus vom 15. Juni 430 ließ Nestorius die Bemerkung fallen, daß auch das Kaiserhaus ganz auf seiner Seite stehe. Vielleicht unter dem Eindruck dieser Worte, jedenfalls aber in der Absicht, einer Beeinflussung des Hofes durch Nestorius entgegenzuwirken, unterbreitete Cyrillus im Laufe des Jahres 430 dem Kaiserhause drei ausführliche Vorstellungen oder Denkschriften über den rechten Glauben. Die erste war an Kaiser Theodosius II. selbst gerichtet, eine zweite an die Gemahlin und die ältere Schwester des Kaisers, Eudokia und Pulcheria, beide Augustae, die dritte an die jüngeren Schwestern des Kaisers, Arkadia und Marina.

Die erste dieser Schriften, gewöhnlich „De recta fide ad Imperatorem" geheißen, soll hier folgen. Ein Abdruck derselben aus der Gesamtausgabe der Werke Cyrills steht bei Migne, PP. Gr. 76, 1133—1200. Der neue Herausgeber, Pusey, S. Cyrilli Alex. De recta fide ad Imperatorem etc., Oxonii 1877, hat dem griechischen Texte eine syrische Übersetzung beigeben können, die von dem Metropoliten Rabbula von Edessa (gest. 435) gefertigt ist, aber dem Originale gegenüber sich sehr große Bewegungsfreiheit gestattet.[1] Die letzte Bearbeitung des griechischen Textes findet sich bei Schwartz, Acta Conciliorum oecum. tom. 1, vol. 1, Berolini 1927, pars 1, 42—72.

Nach längeren Worten über die Pflichten des Kaisers gegenüber dem rechten Glauben erklärt Cyrillus, „die Lehre von der Menschwerdung des Eingeborenen darlegen und ihr Geheimnis möglichst klar herausstellen" zu wollen (c. 4). Er beginnt mit einem Abriß der Geschichte der christologischen Häresien vom Gnostizismus oder Doketismus bis zum Nestorianismus, um sich

[1] Diese Übersetzung hat auch P. Bedjan in seine syrischen Acta Martyrum et Sanctorum 5, Paris. 1895, 628—696, aufgenommen.

dann sofort, auf eine nähere Kennzeichnung des Dogmas der Kirche vorläufig verzichtend, der Widerlegung der einzelnen Irrlehren zuzuwenden. Am eingehendsten verweilt er, wie zu erwarten, bei der Lehre des Nestorius, dessen Name übrigens nicht genannt wird, wiewohl auch Stellen aus seinen Schriften angezogen werden (c. 6). Später hat Cyrillus diese Schrift an den Kaiser, unter Streichung des Eingangs (c. 1—4), zu einem Dialoge umgestaltet, einem Dialogus de incarnatione Unigeniti, welcher in der Gesamtausgabe dem sieben Dialoge umfassenden Werke De sancta et consubstantiali Trinitate als achter Dialog angeschlossen (Migne 75, 1189—1254), bei Pusey (a. a. O.) der Schrift an den Kaiser zur Seite gestellt worden ist.

*

1. Ihr, christusliebende Kaiser, habt den erhabensten und alle andern Würden in unvergleichlichem Abstande übertreffenden und überragenden Gipfelpunkt menschlicher Ehre inne, und euch ist als ausgezeichnetes und einzigartiges Los von seiten Gottes die seiner eigenen Herrschaft über alle Dinge entsprechende Hoheit auf Erden verliehen worden. Denn Gott beugt sich jedes Knie,[1] und Throne und Fürstentümer, Herrschaften und Gewalten neigen unterwürfig ihren Nacken[2] und bringen ununterbrochen die geziemenden Lobpreisungen dar, indem sie sprechen: Himmel und Erde sind voll seiner Herrlichkeit.[3] Und bei eurer Majestät Huld sieht man das augenfällige und hervorstechende Abbild dieser so gewaltigen und alles übersteigenden Größe. Denn ihr seid der Quell aller höheren Posten und selbst keinem Obern unterstellt und der Ursprung und Ausgang des Glückes der Menschheit. Die dem Zepter eurer Herrschaft unterstehenden Völker werden durch die milden Winke eurer Regierung für einen gerechten und ehrbaren und glücklichen Lebenswandel gewonnen; diejeni-

[1] Vgl. Is. 45, 24. [2] Vgl. Kol. 1, 16. [3] Vgl. Is. 6, 3.

gen aber, die das Joch nicht tragen wollen, sinken schnell zu Boden, niedergestreckt von der euch zur Verfügung stehenden Gewalt. Wenn nur der Schild des Kaisers aufblitzt, weichen ihre Scharen zurück und geben sich verloren, lassen alsbald ihren Unverstand fahren, fallen in die Knie und bitten um Verzeihung. Haben doch die kampfestüchtigen und kriegserfahrenen und sieggewohnten Reihen eurer Krieger den gesamten Erdkreis bezwungen. Im Osten wie im Westen seid ihr der Jubel und der Lobpreis und der Gegenstand jeglicher Feier; im Süden wie im Norden wird man nicht müde, euch Dank zu singen. Die unerschütterliche Grundlage eurer so gottliebenden und ruhmgekrönten Regierung ist unser Herr Jesus Christus selbst, denn „durch ihn üben die Könige Königsmacht und bestimmen die Machthaber, was recht ist", wie geschrieben steht.[1] Denn sein Wille ist allmächtig, und durch einen bloßen Wink verleiht er die Fülle alles Guten. Und gern und bereitwillig verteilt er an diejenigen, die ihn lieben, das Auserlesenste von allem, was man zu wünschen und zu bewundern pflegt. Ein ausreichender Beweis für das Gesagte liegt schon in dem, was eurer Herrschaft geschenkt worden ist und, wie wir vertrauen, noch geschenkt werden wird. Daß aber der Ruhm der Frömmigkeit gegen Gott das unerschütterliche Fundament der Königswürde bildet, das will ich aus der Heiligen und gotteingegebenen Schrift selbst in möglichster Kürze darzutun versuchen.

2. Gar viele sind es, die im Lauf der Zeiten im Judenlande zur Macht gelangten und den Herrscherthron dort einnahmen. Die einen haben frevelhafterweise die Gottesfurcht geringgeschätzt und das Gerechtigkeit fordernde Gesetz verachtet und sich in die Abgründe der Schlechtigkeit hinabziehen lassen, und diese Elenden sind elend zugrunde gegangen. Denn es ist ein überaus

[1] Sprichw. 8, 15.

gefährliches Wagnis, sich mit Gott zu verfeinden und durch Abweichen vom Wege der Pflicht ihn irgendwie zu beleidigen. Andere hingegen waren sorgsame Hüter der Frömmigkeit gegen Gott und eifrige Wächter alles dessen, was ihm wohlgefällig ist, und diese haben ohne Mühe ihre Feinde besiegt und ihre Widersacher zu Boden geschlagen. Ein solcher war jener Josias, der die Götzendiener mitsamt ihren Hainen und Altären verbrannte, alle Arten von Zauberei und Wahrsagerei ausrottete und die Schliche teuflischen Truges unterdrückte.[1] Auf diese Weise hat er seiner Regierung bei den Alten Anerkennung und Lobpreisung gesichert; und bis heute wird er bewundert von allen, die die Gottesfurcht zu schätzen wissen. In dieser Beziehung indessen ist bei euren Vorfahren sowohl wie bei euch selbst alles in bester Ordnung. Doch mag es nicht unnütz sein, auch dessen zu gedenken, was sich seinerzeit unter dem weisen Ezechias zugetragen hat, weil die Erinnerung daran eurer frommen Hoheit von Vorteil sein kann.

3. Ein Mann aus dem persischen Babylon, Rabsakes mit Namen, hatte fast das ganze Judenland erobert und auch Samaria verwüstet und zog nun gegen Jerusalem mit einer unübersehbaren Heeresmacht, einer Reiterschar, die nicht zu besiegen oder vielmehr nicht anzugreifen war, und einer Masse von Fußvolk, die an Zahl dem Sande glich. Dann umzingelte er die Mauer mit Belagerungsmaschinen und dem sonstigen kriegerischen Rüstzeug und erging sich in unsinnigen und barbarischen Großsprechereien. Er prahlte, er werde ebenso wie die andern Städte auch die Heilige Stadt selbst mit Gewalt nehmen, erhob sich dabei auch gegen die unaussprechliche Herrlichkeit (Gottes) und stieß lästerliche Reden aus, auch Gott gegenüber seiner frechen Zunge zügellosen Lauf lassend. Es sei vergeblich, sagte er, auf Gott zu vertrauen und von ihm Hilfe zu erhoffen, weil er

[1] Vgl. 4 Kön. 22, 1 ff.

doch nicht imstande sein werde, Rettung zu schaffen. Als nun einige Leute kamen, dem Könige Mitteilung zu machen von der Tollheit jenes Menschen und von seinen persischen Hochmut atmenden Reden, da waren es nur die Lästerungen gegen Gott, über die der König großen Schmerz empfand, um so mehr, als diese, wie er klug erwog, vielleicht den Untergang der Stadt herbeiführen könnten. Er zerriß sein Gewand und begab sich in das Haus Gottes, um durch demütiges Flehen den göttlichen Zorn zu entwaffnen und wegen der Lästerungen Abbitte zu leisten. Und was geschieht? Der König besänftigte und versöhnte den Herrn der Heerscharen, und er besiegte den Assyrer, nicht mit Rossen und Reitern, nicht mit Bogenschützen oder Speerwerfern, nicht mit der Kunst der Feldherrn, sondern mit der Entscheidung Gottes, der beschlossen hatte, das Heer der Assyrer in einer einzigen Nacht dem Tode zu überliefern. Denn „der Engel des Herrn", heißt es, „zog aus und schlug aus dem Lager der Assyrer 185 000 Mann; und als man sich am andern Morgen früh aufmachte, fand man lauter Leichen."[1] Das sind die Früchte der Frömmigkeit gegen Gott und des Abscheus wider jede Verunglimpfung der göttlichen Herrlichkeit.

4. Indessen bin ich der Meinung, daß den frommen Ohren der Kaiser nichts nahegebracht werden darf, was einer Gotteslästerung gleichkommt, sondern immer nur solches, was jedem Tadel, jeder Anklage entrückt ist und der Gott gebührenden Ehrerbietung voll und ganz gerecht wird. In dem Bewußtsein aber, daß es sich so verhalten soll, habe ich mich veranlaßt, ja genötigt gesehen, in dem beifolgenden Schriftchen die Überlieferung des rechten und apostolischen Glaubens darzustellen und damit eurer Hoheit gewissermaßen ein geistliches Gastgeschenk anzubieten, euch sowohl wie auch den wahrhaft gottliebenden Kaiserinnen, die vereint mit

[1] 4 Kön. 19, 35; Is. 37, 36.

euch im Herrscherglanze strahlen,[1] die eine die glückliche Mutter eurer erlauchten Sprößlinge und Trägerin der Hoffnung auf immerwährenden Bestand des Thrones,[2] die andere eine Blume im Jungfrauenpark und vertraute Teilhaberin an den Sorgen eurer glorreichen Regierung. Steine aus Indien zieren euer erhabenes Haupt, die unsichtbare Zier der Seele und des Geistes sei der rechte und unverfälschte Glaube; und fest vertrauend, daß ihr diesen bewahren werdet, bringe ich mein Schriftchen dar als Stütze des Geistes und Schmuck der Seele und Kranz des Herzens. Denn es steht geschrieben: „Weisheit ist kostbarer als Edelgestein, und kein Kleinod kommt ihr gleich."[3] Ich will also in Kürze die Lehre von der Menschwerdung des Eingeborenen darlegen und ihr Geheimnis möglichst klar herausstellen, soweit es anders denjenigen verstattet ist, die „durch einen Spiegel und in rätselhafter Weise sehen und stückweise erkennen"[4] nach dem Maße der Gnadengabe des Geistes, wie der göttliche Paulus schreibt.[5] „Denn keiner sagt: Herr ist Jesus, außer im Heiligen Geiste, und keiner sagt: Verflucht sei Jesus, außer in Beelzebub."[6]

5. Ich glaube aber jemanden sagen zu hören: Willst du dich dieserhalb zum Kampf anbieten und eine so beschwerliche und mühsame Arbeit auf dich nehmen, wohl, so entrolle uns ungesäumt ein genaues und unverfälschtes und gegen jeden Einwand gesichertes Bild der Wahrheit über Christus. Denn die Aussprüche der neuen wie der alten Schrift über ihn werden von Menschen, die gleichsam trunken sind, in mannigfacher Weise verdreht und entstellt. Wir wissen nun wohl, daß diese unverständigen Menschen keine Tollheit unversucht lassen,

[1] Eudokia, die Gemahlin, und Pulcheria, die ältere Schwester des Kaisers.

[2] Bis dahin, d. h. bis ins Jahr 430 hinein, hatte Eudokia dem Kaiser zwei Töchter geboren.

[3] Sprichw. 8, 11. [4] 1 Kor. 13, 12. [5] Vgl. Eph. 4, 7; Röm. 12, 3. 6; 1 Kor. 12, 11.

[6] 1 Kor. 12, 3.

daß sie aber auch sehr schnell in die Tiefe der Unterwelt stürzen, wie die Schrift sagt,[1] und in die Schlinge des Todes, sie, „die da nicht verstehen, was sie sagen, noch auch, worüber sie aburteilen".[2] Doch müssen ihre Schreiereien und pomphaften Fabeleien im einzelnen gekennzeichnet werden.

6. Die einen haben sich erkühnt, zu lehren, daß das Wort Gottes des Vaters zwar als Mensch erschienen sei, daß es aber nicht das aus der heiligen Jungfrau und Gottesgebärerin genommene Fleisch getragen habe, indem sie lügnerisch behaupten, das Geheimnis beruhe lediglich auf Schein. — Andere, die sich nicht entschließen können, einen anscheinenden Menschen als Gott anzubeten und dem von der Erde genommenen Fleische die höchsten Ehrenbezeigungen zu erweisen, sind infolge übergroßer Unwissenheit auf einen falschen und verderbten Glauben verfallen, indem sie behaupten, das aus Gott dem Vater hervorgegangene Wort sei verwandelt worden in die Natur von Knochen und Nerven und Fleisch, während sie über die Geburt des Emmanuel aus der Jungfrau mit weitaufgerissenem Munde lachen und diese beste und gotteswürdige Art der Menschwerdung als unannehmbar von sich weisen. — Wieder andere meinen, der mit Gott dem Vater gleich ewige Gott das Wort sei vielmehr erst später geboren und erst zu der Zeit hervorgebracht worden, als er auch dem Fleische nach ins Dasein trat. — Es gibt auch solche, die in ihrer Gottlosigkeit sich bis zu dem Wahne haben verleiten lassen, daß sie meinen, das aus Gott stammende Wort sei überhaupt nichts Persönliches gewesen, sondern nur ein Reden, erfolgt in einem Menschen. So Marcellus und Photinus.[3] — Noch andere

[1] Sprichw. 9, 18. [2] 1 Tim. 1, 7.
[3] Bischof Marcellus von Ancyra in Galatien, gest. um 374, und Bischof Photinus von Sirmium in Pannonien, gest. 375.

wollen zwar glauben, daß der Eingeborene wahrhaft Mensch geworden und im Fleische gekommen ist, nicht aber, daß das angenommene Fleisch vollkommen beseelt gewesen ist mit einer vernünftigen und geistbegabten Seele wie bei uns. Sie wollen vielmehr das Wort Gottes und den aus der heiligen Jungfrau genommenen Tempel zu einer vollkommenen Einheit, wie sie sagen, verknüpfen und behaupten nun, das Wort habe in dem Tempel gewohnt und den angenommenen Leib sich zu eigen gemacht, *die Stelle der vernünftigen und geistigen Seele aber habe es selbst ausgefüllt.* — Noch andere treten diesen Meinungen entgegen und bekämpfen diese Aufstellungen, indem sie lehren, der Emmanuel bestehe und sei zusammengesetzt aus Gott dem Worte und der vernünftigen Seele und dem Leibe, also der schlechthin vollkommenen Menschheit, und doch haben auch sie die gesunde und untadelhafte Anschauung über ihn nicht ganz gewahrt. Denn sie zerteilen den *einen* Christus in zwei und ziehen gleichsam einen dicken Strich zwischen beiden, indem sie einen jeden als für sich allein bestehend betrachten: *der aus der Jungfrau geborene vollkommene Mensch sei ein anderer als das aus Gott dem Vater stammende Wort.* Nicht wie wenn sie nur die Natur des Wortes und die Natur des Fleisches auseinander hielten und den diesbezüglichen Verschiedenheiten Rechnung tragen wollten; denn damit würden sie noch nicht gegen die wahre Lehre verstoßen, weil in der Tat die Natur des Fleisches durchaus nicht dieselbe ist wie die Natur Gottes. Aber sie stellen den einen (Christus) für sich und gesondert als Menschen hin, und den andern nennen sie der Natur nach und in Wahrheit Gott, und doch wollen sie Christen sein. Sie haben auch Schriften darüber verfaßt und wörtlich also zu sagen gewagt: „Der eine, von Natur und in Wahrheit Sohn, ist das Wort aus dem Vater; der andere teilt mit dem Sohne den Namen des Sohnes."[1] Und nach anderem sagen sie wieder: „Das Wort Gottes ist nicht Fleisch, sondern hat einen Menschen angenommen. Denn der Eingeborene ist im eigentlichen Sinne und an sich Sohn Gottes, des Schöpfers aller Dinge; der Mensch aber, den er annahm, nicht von Natur Gott, wird um des wahren Sohnes Gottes willen, der ihn angenommen, gleichfalls Gott geheißen. Denn das Wort: ‚Niemand kennt den Sohn, es sei denn der Vater',[2] geht auf den von Natur und in Wahrheit vollkommenen Sohn aus dem Vater; die Worte Gabriels aber: ‚Fürchte dich nicht, Maria, denn du hast Gnade gefunden bei Gott, und siehe, du wirst empfangen im Schoße und einen Sohn gebären und seinen Namen Jesus nennen',[3] beziehen sich auf den Menschen."[4] So sagen jene. Wir aber denken nicht so. Denn niemals wird das Reden der Irrgläubigen uns verleiten, den geraden Pfad zu verlassen, um einen andern, nicht zum Ziele führenden und verfehlten Weg einzuschlagen.

7. Wollte jemand über eine jede dieser Lehren eine lange Untersuchung anstellen und eine erschöpfende Prüfung vornehmen, so würde er nicht geringe Zeit aufwenden müssen und lästigen und peinlichen Schweiß zu ertragen haben und doch nichts Ersprießliches zustande bringen. Wir wollen deshalb auf lange und breite Auseinandersetzungen verzichten und eine jede Lehre einer kleinen und kurzen Prüfung unterziehen. Und zuvörderst wollen wir den Doketen sagen: „Ihr irrt, weil ihr die Schriften nicht kennt",[5] noch auch „das große Geheimnis der Gottesfurcht", nämlich Christus, der geoffenbart worden im Fleische, gerechtfertigt durch den Geist, erschienen den Engeln, verkündet bei den Völ-

[1] Aus einer Schrift des Nestorius; vgl. Fr. Loofs, Nestoriana, Halle a. S. 1905, 217.
[2] Matth. 11, 27. [3] Luk. 1, 30 f.
[4] Aus der erwähnten Schrift des Nestorius; vgl. Loofs a. a. O.
[5] Matth. 22, 29.

kern, geglaubt in der Welt, aufgenommen in Herrlichkeit".[1] Die Gegner aber müssen entweder den Alten ein Schandmal aufdrücken und die Lehrer des Erdkreises, denen Christus selbst gesagt hat: „Geht hin und lehret alle Völker",[2] Lügner schelten, oder aber, wenn sie dies zu tun zurückschrecken, die rechte Lehre über Christus annehmen, den eigenen Torheiten Lebewohl sagen und sich fest an die heiligen Schriften halten, um den Pfad der Heiligen zu wandeln, der zur Wahrheit selbst führt.

8. Denn „das Geheimnis der Gottesfurcht" ist, denke ich, nichts anderes als das aus Gott dem Vater stammende Wort selbst. Es ist geoffenbart worden im Fleische, weil es, nachdem es Knechtsgestalt angenommen, durch die heilige Jungfrau und Gottesgebärerin geboren ward. Es ist auch den Engeln erschienen, weil diese den Geborenen mit dem Lobgesang verherrlichen: „Ehre sei Gott in der Höhe und auf Erden Friede, unter den Menschen Wohlgefallen",[3] und auch den Hirten von dem um unsertwillen im Fleische erschienenen Gott dem Worte Kunde bringen, indem sie sprechen: „Heute ist euch ein Heiland geboren worden, der da ist Christus der Herr, in der Stadt Davids, und dies sei euch das Zeichen: Ihr werdet ein Kindlein finden, in Windeln gewickelt und in einer Krippe liegend."[4] Wenn aber eine Geburt durch die Jungfrau und eine Offenbarung im Fleische statthatte, ist es dann nicht müßiges Gerede oder vielmehr wahnsinniges Geschwätz, die so offenkundige und handgreifliche Menschwerdung als Schein hinzustellen? War es Schatten und Schein, so hat in Wahrheit keine Fleischwerdung stattgefunden, so hat die Jungfrau nicht geboren, so hat das aus Gott dem Vater stammende Wort sich nicht des Samens Abrahams angenommen und ist nicht den Brüdern ähnlich geworden.[5] Wir sind ja doch wohl nicht ein Schatten oder Schein,

[1] 1 Tim. 3, 16. [2] Matth. 28, 19. [3] Luk. 2, 14. [4] Luk. 2, 11 f.
[5] Vgl. Hebr. 2, 16 f.

sondern wir haben einen greifbaren und sichtbaren Leib und sind mit diesem erdgeborenen Fleische umkleidet und unterliegen der Vergänglichkeit und den Leiden.

9. Ist nun aber das Wort nicht Fleisch geworden, so ist es auch nicht selbst in Leiden versucht worden und kann dann auch nicht denen, die versucht werden, helfen.[1] Denn ein Schatten kann doch wohl nicht leiden, und so zerfällt alles für uns Geschehene in nichts. Oder welchen Rücken soll er für uns dargeboten haben?[2] Welche Wange hat er hingehalten, um die Schläge der Juden aufzunehmen? Und daß er an Händen und Füßen mit Nägeln durchbohrt worden, wenn er gar nicht im Fleische erschienen war, wie kann das jemand glauben? Oder welche Seite haben die Soldaten des Pilatus durchstochen, so daß die Zuschauer das kostbare Blut mit Wasser hervorquellen sahen? Es ist indes noch etwas Wichtigeres zu sagen: Christus wäre nicht für uns gestorben und wäre nicht auferweckt worden. Ist das aber wirklich wahr, so ist der Glaube entwertet und das Kreuz, das Heil und Leben der Welt, fällt dahin, und die Hoffnung der im Glauben Entschlafenen ist gänzlich zunichte geworden. So hat mit Recht auch der selige Paulus geurteilt. „Denn ich habe euch", sagt er, „vor allem überliefert, was ich auch empfangen hatte, daß Christus für unsere Sünden den Schriften gemäß gestorben ist und daß er begraben wurde und daß er am dritten Tage den Schriften gemäß auferweckt worden ist, und daß er dem Kephas erschien, dann den Zwölfen; dann erschien er mehr als fünfhundert Brüdern auf einmal, von denen die meisten bis jetzt leben, einige aber auch entschlafen sind; dann erschien er dem Jakobus, dann allen Aposteln und zuletzt von allen, als einer Fehlgeburt, erschien er auch mir."[3] Und nach anderem wieder: „Wenn von Christus gepredigt wird, daß er von den Toten auferweckt worden, wie können da einige unter euch sagen, es gebe keine Auferstehung der To-

[1] Vgl. Hebr. 2, 18. [2] Vgl. Is. 50, 6. [3] 1 Kor. 15, 3—8.

ten? Gibt es keine Auferstehung der Toten, so ist auch Christus nicht auferweckt worden. Wenn aber Christus nicht auferweckt worden, so ist nichtig unsere Predigt, nichtig auch unser Glaube. Wir werden vielmehr als falsche Gotteszeugen erfunden, weil wir wider Gott bezeugt haben, daß er Christus auferweckte, während er ihn doch nicht auferweckte, wenn anders die Toten nicht auferweckt werden."[1] Wie hätte nun, sag' mir doch, der Schatten sterben sollen? Wie konnte der Vater Christus auferwecken, wenn er Schatten und Schein war und den Banden des Todes nicht unterworfen? Fort also mit dem Brecherguß jener Menschen! Als Fabel vielmehr und als Auswurf gottlosen Sinnes sollen uns ihre Lehren gelten. Vor solchen Menschen warnt uns im voraus schon der Jünger des Heilandes, indem er schreibt: „Viele falsche Propheten sind in die Welt ausgegangen. Den Geist Gottes erkennt ihr daran: Jeder Geist, der bekennt, daß Jesus Christus im Fleische gekommen, ist aus Gott; und jeder Geist, der Jesus nicht bekennt, ist nicht aus Gott. Und das ist der Satz des Antichrists, von dem ihr gehört habt, daß er kommen wird, und er ist schon jetzt in der Welt."[2] Denn wenn er nicht Mensch geworden, ist er auch nicht im Fleische zu dem Vater und Gott im Himmel aufgefahren und wird er auch nicht, als Mensch nämlich und im Fleische, vom Himmel her zu uns zurückkehren.

10. Wenn aber andere aus maßloser Unwissenheit sich zu der Meinung bekennen, das gottentstammte Wort habe die Geburt durch die heilige Jungfrau abgelehnt und unsere Natur verschmäht, sei vielmehr in das erdgeborene Fleisch verwandelt worden, so ist dies eine Mißbilligung der Menschwerdung und eine Herabsetzung der Ratschlüsse Gottes. Denn das allschöpferische und erbarmungsreiche Wort Gottes hat sich selbst entäußert,[3] indem es um unsertwillen

[1] 1 Kor. 15, 12—15. [2] 1 Joh. 4, 1—3. [3] Vgl. Phil. 2, 7.

Mensch ward, geboren aus dem Weibe,[1] damit es, „da die Kinder", das heißt wir, „an Blut und Fleisch teilhaben, auch selbst daran teilnähme, um durch den Tod den Machthaber des Todes, das heißt den Teufel, zunichte zu machen und diejenigen, die durch die Furcht vor dem Tode ihr ganzes Leben lang in Knechtschaft gehalten waren, zu befreien".[2] So sagt die Heilige Schrift. Sie aber warfen dem so schönen und herrlichen Entschlusse (Gottes) Unschicklichkeit vor; und wie wenn sie imstande wären, Besseres zu ersinnen, weisen sie sogar die Ratschläge der Weisheit von sich. Denn wir dürften, sagen sie, die Wehen und die Geburt aus dem Weibe dem Eingeborenen nicht zuschreiben, müßten vielmehr glauben, daß die Natur des Wortes in diesen hinfälligen und erdgeborenen Leib umgestaltet worden sei, und erdichten damit eine Verwandlung dessen, der keine Verwandlung kennt. Denn die Natur Gottes ist fest verankert im Besitze ihrer Güter und beharrt in ihrem Zustande unerschütterlich. Die gewordene und in der Zeit zum Dasein gebrachte Natur kann eine Veränderung erleiden, und darin darf nichts Ungeziemendes und Unwahrscheinliches gefunden werden; denn was überhaupt erst angefangen hat, zu sein, trägt gleichsam den Keim der Veränderlichkeit schon von Haus aus in sich. Der allen Begriff übersteigende Gott aber, dessen Sein vom Entstehen und Vergehen ausgenommen und darüber erhaben ist, muß auch einer Verwandlung unzugänglich sein; wie er auf Grund seiner Natur alles das, was ins Dasein gerufen worden ist, übertrifft und überragt, und zwar in unvergleichlichem Abstande, so muß er auch wieder über alles, was den durch ihn gewordenen Dingen zustoßen kann, erhaben sein und nichts Schadenbringendes erfahren können. Die Gottheit also ist in ihren Gütern unantastbar, die Geschöpfe aber sind veränderlich und wandelbar und der Verderbnis ausgesetzt. In richtiger Erkenntnis und treffender

[1] Vgl. Gal. 4, 4. [2] Hebr. 2, 14 f.

Erwägung des Sachverhaltes rief der Prophet Jeremias zu Gott: „Du thronst immerfort, und wir vergehen immerfort."[1] Es thront nämlich die Gottheit gleichsam auf ihrem Sitze immerdar, alles leitend und beherrschend und keinerlei Leiden unterworfen; wir aber, die wir eine so leicht wandelbare und stets zu Veränderung und Wechsel hinneigende Natur besitzen, wir vergehen immerfort, das heißt, wir sind zu jeder Zeit und in jedem Augenblick vergänglich und veränderlich. Es kann also die Gottheit nicht verwandelt und durch Leiden ihrer Beharrlichkeit beraubt werden; und die vergängliche und veränderliche, das heißt, die gewordene Natur kann nicht wesenhafte Unveränderlichkeit erlangen, das Geschöpf kann sich nicht die Güter der göttlichen Natur aneignen. Es würde mit Recht hören: „Was hast du denn, was du nicht empfangen hättest?"[2] Daß aber die Natur des Wortes schlechthin unwandelbar und unveränderlich, die gewordene Natur hingegen durchaus veränderlich ist, läßt sich sehr leicht ersehen, da David im Geiste singt: „Die Himmel werden vergehen, du aber bleibst; und alle werden altern wie ein Gewand, und wie ein Kleid wirst du sie drehen, und sie werden sich wechseln, du aber bist derselbe, und deine Jahre werden nicht abnehmen."[3] Wie aber soll das aus Gott stammende Wort noch dasselbe geblieben sein, wenn es wahr wäre, daß es seine Beharrlichkeit und Unerschütterlichkeit abgelegt hätte und in das, was ihm fremd war, hinabgestiegen und in die Natur des Fleisches und ein vergängliches Geschöpf umgewandelt worden wäre? Ist das nicht leeres Geschwätz und Wahnwitz dazu?

11. Würde man doch berechtigt sein — auch das muß schließlich noch gesagt werden —, den Torheiten dieser Menschen eine noch größere Torheit gegenüberzustellen und zu behaupten, es sei nicht unmöglich, daß auch das erdgeborene Fleisch einmal zu der Natur der Gottheit aufsteige und den Zustand der höchsten aller We-

[1] Baruch 3, 3. [2] 1 Kor. 4, 7. [3] Ps. 101, 27 f.

senheiten erreiche. Denn wenn ihrem Unsinn zufolge die Natur der Gottheit in die Natur des Fleisches übergegangen ist, so kann es nicht ausgeschlossen sein, daß die niedere und uns eigene Natur einmal über das Fleisch sich hinausschwinge und zur Gottheit und in die höchste Wesenheit umgewandelt werde. Indessen wollen wir nicht ihrem Unverstande Gefolgschaft leisten, sondern uns vielmehr an die göttlichen Schriften halten, an den Propheten, der erklärt: „Siehe, die Jungfrau wird empfangen und einen Sohn gebären, und man wird seinen Namen Emmanuel nennen",[1] und an den seligen Gabriel, der die Vorhersagung besiegelt und den Ratschluß des Himmels der Jungfrau mit den Worten enthüllt: „Fürchte dich nicht, Maria, denn siehe, du wirst empfangen im Schoße und einen Sohn gebären und seinen Namen Jesus nennen."[2] Wir glauben also, daß der Emmanuel in Wahrheit aus dem Weibe geboren ist, und in diesem rechten Glauben werden wir den herrlichen und erhabenen Ruhm unserer Natur nicht ablehnen. Denn nicht seine eigene Natur hat der Eingeborene angenommen — das würde uns nichts geholfen haben — und auch nicht die der Engel, sondern die „des Samens Abrahams", wie geschrieben steht,[3] denn nur so und nicht anders konnte das ins Verderben gestürzte Geschlecht wieder gerettet werden.

12. Aber wie? Sollen wir uns nicht auch darüber im höchsten Grade wundern, daß es Menschen gibt, die der gotteingegebenen Schrift beinahe vollständig Lebewohl sagen und ihren Verstand den Geistern des Irrtums ausliefern und nun in ihrer Torheit und kindischen Urteilslosigkeit soweit gegangen sind, daß sie glauben, der Schöpfer der Welten, das Gott und dem Vater gleichewige Wort Gottes sei erst zur Zeit der Geburt des Fleisches ins Dasein getreten? Der, der über aller Welt und Zeit ist, soll erst später entstanden sein, so daß erst in den letzten Zeiten, ge-

[1] Is. 7, 14. [2] Luk. 1, 30 f. [3] Hebr. 2, 16.

rade noch in den Tagen der Menschwerdung, Gott zum Vater geworden und der, durch den alles und in dem alles ist, zugleich mit dem aus der Jungfrau genommenen Tempel zur Existenz gelangt sei. Sind sie nicht schon bis zum Gipfel der Schlechtigkeit vorgedrungen, die eine so alberne und abscheuliche Fabel bereitwillig annehmen und ihren Verstand mit reinstem Blödsinn füllen? Wahrhaftig „ein geöffnetes Grab ist ihre Kehle, mit ihren Zungen trogen sie, Otterngift ist unter ihren Lippen, ihr Mund ist voll von Fluch und Bitterkeit."[1] Muß denn nicht der, durch den alles ist, auch vor allem gewesen sein? Was aber werden sie tun angesichts des Johannes: „Im Anfang war das Wort, und das Wort war bei Gott, und Gott war das Wort; alles ist durch dasselbe geworden, und ohne dasselbe ist nichts geworden",[2] und wiederum: „Was von Anfang an war, was wir gehört, was wir gesehen haben mit eigenen Augen, was wir geschaut und unsere Hände berührt haben, von dem Worte des Lebens (verkünden wir euch), und das Leben ist geoffenbart worden, und wir haben es gesehen und bezeugen und verkünden euch das ewige Leben, welches beim Vater war und uns geoffenbart worden ist."[3] Auch Christus selbst belehrt die Juden über das unvordenkliche Alter seines Daseins; denn als sie sagten: „Du hast noch nicht fünfzig Jahre und du hast Abraham gesehen?", vernahmen sie die hoheitsvolle Antwort: „Wahrlich, wahrlich, ich sage euch, ehe Abraham geworden ist, bin ich."[4] Wenn aber das „er war" ohne Einschränkung von ihm ausgesagt und nicht minder deutlich das „ich bin" ihm zugesprochen wird, wer will dann den Anfang seines Seins absehen? Oder wie soll der, der in dem über alles Denken hinausreichenden Anfang war, im Lauf der Zeit ins Dasein gerufen worden sein? Wollte jemand diesen Leuten einläßlicher antworten, so würde es durchaus nicht schwierig sein, auf Grund der Zeugnisse der gotteingegebenen Schrift die

[1] Röm. 3, 13 f. [2] Joh. 1, 1—3. [3] 1 Joh. 1, 1 f. [4] Joh. 8, 57 f.

Angriffe ihrer Torheit abzuschlagen. Da jedoch ihr Geschwätz so offensichtlich zu verwerfen ist und gar so viele Schwächen aufweist, so halte ich es für überflüssig, ihm noch weitere Beachtung zu schenken. Wenden wir uns also einer mit der abgewiesenen Lehre verwandten Ansicht zu!

13. Es gibt nämlich auch Menschen, welche die Schönheit der Wahrheit verunstalten und sie wie eine Münze verfälschen, indem sie „ihr Horn in die Höhe heben und Vermessenes gegen Gott reden", wie geschrieben steht.[1] Diese Unglückseligen bilden sich ein, der Eingeborene sei nichts eigentlich Wirkliches, nichts Selbständiges und nichts Persönliches, sondern lediglich ein Reden, ein Wort, welches nur von Gott ausgesprochen worden sei und in einem Menschen Wohnung genommen habe. Indem sie in solcher Weise Jesus zusammenfügen, behaupten sie, er sei zwar heiliger als die Heiligen, aber darum doch nicht auch Gott. Wer nun, wie auch der Jünger des Heilandes schreibt, „wer ist ein Lügner, außer wer leugnet, daß Jesus der Christus ist? Das ist der Antichrist, der den Vater und den Sohn leugnet. Jeder, der den Sohn leugnet, hat auch den Vater nicht; wer aber den Sohn bekennt, hat auch den Vater."[2] Denn sie werden beide gegenseitig durcheinander, der eine in dem andern, anerkannt, von uns selbst sowohl als auch von den heiligen Engeln. Würde doch niemand fragen, wer der Vater sei, wenn er nicht einen existierenden und gezeugten Sohn in Gedanken einbegriffe, wie auch niemand fragen würde, wer denn der Sohn sei, wenn er nicht sicher wüßte, daß der Vater gezeugt hat. Es wird also, und zwar ohne jedes Bedenken, zu entgegnen sein, daß wir, wenn der Sohn keine Wirklichkeit ist, auch den Vater nicht in Wahrheit als solchen gelten lassen können. Denn wie kann er Vater sein, wenn er nicht in Wahrheit gezeugt hat? Hat er aber etwas ge-

[1] Ps. 74, 6. [2] 1 Joh. 2, 22 f.

zeugt, was nicht besteht und überhaupt nicht ist, so kann das Gezeugte nur ein Nichts sein. Denn was nicht besteht, ist dem Nichtseienden gleich oder vielmehr ein einfaches Nichts. Dann also würde Gott der Vater eines Nichts sein.

14. Aber, beste Freunde, möchte ich den Verfechtern dieser Lehre sagen, was ihr vorbringt, ist leeres Geschwätz. Oder antwortet mir auf meine Fragen! Wie soll die Liebe Gottes und des Vaters zu uns überschwenglich sein? Hat er den Sohn für uns dahingegeben, der eurer Aussage nach nicht existiert, so hat er also ein Nichts für uns dahingegeben, und das Wort ist nicht Fleisch geworden und hat das heilbringende Kreuz nicht erduldet und die Gewalt des Todes nicht zunichte gemacht und ist nicht wiederaufgelebt. Denn wenn er ein Nichts ist und nicht existiert nach eurer Aussage, wie hätte er das Gesagte vollbringen können? Das Wort der Heiligen Schrift hat demnach die Gläubigen betrogen, und die Festigkeit des Glaubens zerfließt in Nichts. Und wie? Sagt uns nicht das heilige Schriftwort, der Sohn sei in der Gestalt Gottes[1] und er sei das Abbild und der Ausdruck des Erzeugers?[2] Wie sollte das nicht allen bekannt sein! Nun aber sind die Abbilder wie die Urbilder, was ja schon im Begriffe des Abbildes liegt. Ist also das Abbild etwas Unpersönliches und hat der Ausdruck keine eigene Existenz, so werden sie in notwendiger Folge zugeben müssen, daß auch der, dessen Ausdruck er ist, unpersönlich ist, und die Mangelhaftigkeit des Abbildes wird ganz und voll auf das Urbild zurückfallen.

15. Sag' mir aber weiter: Als Philippus, der besonders wißbegierige Jünger Christi, sagte: „Herr, zeige uns den Vater, und es genügt uns“,[3] wünschte er da einen seienden und wirklichen oder einen nichtseienden und unpersönlichen Vater zu sehen? Ohne Zaudern, denke ich, wird man antworten: einen seienden und wirklichen

[1] Phil. 2, 6. [2] Hebr. 1, 3. [3] Joh. 14, 8.

Vater. Wenn nun aber der Sohn ein Nichts ist, weil er ja nicht existieren soll nach der unverschämten Frechheit dieser Menschen, wozu bot er uns behufs genauer Erkenntnis des Vaters sich selbst als Abbild dar, indem er sprach: „So lange Zeit bin ich bei euch, und du hast mich nicht erkannt, Philippus? Wer mich gesehen, hat den Vater gesehen. Glaubst du nicht, daß ich im Vater und der Vater in mir ist?"[1] „Ich und der Vater sind Eins."[2] Es wird aber doch wohl niemand in einem Nichtexistierenden einen Existierenden erblicken, niemand jemals Seiendes mit Nichtseiendem in Gedanken zu Einem zusammenfassen können. Und wie soll der Vater im Sohne und der Sohn hinwieder im Vater sein? Sofort würde sich die Folgerung ergeben, daß, wenn das Wort keine eigene Existenz hat, auch der Vater in Gefahr gerät, da er das Nichts in sich haben und im Nichts existieren soll. Denn wer gar nicht ist, muß als ein Nichts angesehen werden. Das sind freilich absonderliche Dinge; die gegnerische Lehre krankt eben an gar vielen Ungereimtheiten und nötigt uns nun gleichfalls zu unliebsamen Erörterungen. Wundern aber muß man sich füglich, wie es möglich gewesen sein soll, daß der Vater in dem nicht zum Sein gelangten Sohne das Seiende gemacht hat. Wollte jemand fragen, ob für das Seiende das Sein besser sei oder das Nichtsein, so würde er sofort die Antwort erhalten, besser sei das Sein. Denn gerade deshalb, weil er dem Nichtseienden einst das Sein gegeben hat, heißt und ist der Schöpfer gut. So muß es sich auch in Wahrheit verhalten. Demgemäß wäre das Geschöpf besser daran als der, durch den alles ins Dasein eingeführt wurde. Denn dieser soll ja nicht existieren; das Geschöpf aber existiert und gilt als im Besitz des Seins befindlich. O des Widersinns! Fort mit dieser Lästerung! Denn „lebendig ist das Wort Gottes und wirksam", wie geschrieben steht.[3] Deshalb hat es

[1] Joh. 14, 9f. [2] Joh. 10. 30. [3] Hebr. 4, 12.

auch gesagt: „Ich bin das Leben."[1] Es könnte jedoch nicht als Leben gedacht werden, wenn es nicht existierte. Leben aber ist es seiner Natur nach; denn es wird gewiß nicht lügen. Eine abscheuliche Lüge ist es mithin und der Abschaum albernsten Sinnes, zu sagen, das aus Gott entsprungene Wort existiere nicht. Hat es doch selbst zu Moses gesagt: „Ich bin, der da ist."[2] Wie aber könnte man annehmen, daß das wahrhaft Seiende und Selbständige jemals seiner eigenen Existenz verlustig gehe? Die bis auf die Spitze getriebene Torheit dieser Aufstellungen werden wir demnach füglich beiseite schieben dürfen.

16. Aber auch denen, die da sagen, das dem Worte geeinte Fleisch sei der vernünftigen Seele beraubt gewesen, werden wir, die wir wohl gelernt haben, der Wahrheit nachzuforschen, füglich nicht zustimmen können. Diese Leute umkleiden nämlich das Wort mit einem nur des Lebens und der Wahrnehmung fähigen Fleische und lassen es so in die Welt eintreten, während sie die Tätigkeit des Geistes und der Seele dem Eingeborenen zuweisen. Sie schrekken, ich weiß nicht wie, davor zurück, zu bekennen, daß das Wort dem der Natur nach mit einer vernünftigen Seele beseelten menschlichen Fleische geeint ist, indem sie der anfänglichen und uralten Glaubensüberlieferung keine Beachtung schenken, vielmehr törichter Weise ihrem eigenen Sinne und menschlichen Vernünfteleien folgen zu sollen meinen und daher tatsächlich anders denken, „als man denken soll".[3] Und welchen Grund haben sie für diese Lehre? Ich will es sagen. Wir lehren, daß der „Mittler zwischen Gott und den Menschen"[4] den Schriften zufolge zusammengesetzt ist aus unserer Menschennatur in der ihrem Begriffe entsprechenden Vollständigkeit und dem der Natur nach aus Gott entsprungenen Sohne, das heißt dem Eingeborenen. Wir behaupten, daß eine gewisse Zusammenfügung und un-

[1] Joh. 14, 6. [2] Ex. 3, 14. [3] Röm. 12, 3. [4] 1 Tim. 2, 5.

aussprechliche Verbindung von ungleichen und unähnlichen Naturen zu einer Einheit stattgefunden hat, und bekennen, daß Christus und der Herr und der Sohn Einer ist, weil er in einer und derselben Person Gott und Mensch zugleich ist. Wir sind gewohnt, die Einheit als schlechterdings unzerreißbar anzusehen, weil wir dafür halten, daß Einer und derselbe Eingeborener und Erstgeborener ist, Eingeborener als das Wort Gottes des Vaters und aus seiner Wesenheit entsprungen, Erstgeborener, insofern er Mensch geworden ist und einer „unter vielen Brüdern".[1] Wie es nämlich einen Gott Vater gibt, aus dem alles ist, so auch einen Herrn Jesus Christus, durch den alles ist.[2] Wir anerkennen das Wort, durch welches alles ist, als Gott der Natur nach, auch wenn es Fleisch geworden ist, das heißt Mensch.

17. Aber mit diesen unsern Lehren stimmen die Ansichten jener durchaus nicht überein. Zwar bekennen auch sie so wie wir, daß Jesus Christus Einer ist, und den Emmanuel in Zwei zu zertrennen, weisen sie als eine große Gottlosigkeit weit zurück. Zugleich jedoch behaupten sie, das gottentstammte Wort sei einem Fleische geeint, welches der menschlichen und vernünftigen Seele entblößt gewesen. Sie glauben auch einen, wie sie meinen, überzeugenden Grund für diese Behauptung gefunden zu haben. Denn, sagen sie, die zur Herstellung eines vollkommenen Wesens verbindungsweise zusammentretenden Teile pflegen als Stücke, die für sich unvollkommen sind, betrachtet zu werden, während das für sich und gleichsam in seiner eigenen Natur Vollkommene der Verbindung aus Teilen nicht bedarf. Deshalb, sagen sie, muß man sich füglich hüten, den dem Worte geeinten Tempel als einen vollkommenen Menschen gelten zu lassen, damit die Verbindung, die doch bei Christus anzunehmen ist, genau und einwandfrei ihrem Begriffe gerecht werde. Auch dies, meine ich,

[1] Röm. 8, 29. [2] 1 Kor. 8, 6.

könnten sie noch beifügen. Wenn wir, könnten sie sagen, den Emmanuel aus einem vollkommenen Menschen und dem dem Vater entstammten Worte bestehen lassen, so ist nicht geringe Gefahr gegeben, oder vielmehr es erscheint schon fast unvermeidlich, selbst wider Willen zwei Söhne und zwei Christus anerkennen zu müssen. Was werden wir ihnen hierauf antworten? Zuvörderst, daß man die so uralte und auf die heiligen Apostel selbst zurückgehende Glaubensüberlieferung nicht durch maßlose Spitzfindigkeiten auflösen und das über die Vernunft Hinausgehende nicht zum Gegenstande bis auf die Spitze getriebener Untersuchungen machen sollte, auch nicht mit gewissen Kritikern sich vordrängen und selbstbewußt sprechen: das da ist recht so, das aber müßte anders sein. Es geziemte sich vielmehr und es wäre wirklich besser, dem allweisen Gott den Weg seiner Ratschlüsse zu überlassen und das, was er für gut befunden, nicht frevelhafter Weise zu tadeln. Sonst werden wir sein klares Wort zu hören bekommen: „Denn meine Ratschlüsse sind nicht wie eure Ratschlüsse, und nicht wie eure Wege sind meine Wege, sondern soweit der Himmel absteht von der Erde, soweit steht mein Weg ab von euren Wegen und eure Gedanken von meinen Gedanken."[1]

18. Wir aber beten durchaus nicht zwei Söhne an und verehren keineswegs zwei Christus, wenn wir auch glauben, daß der dem Worte geeinte Tempel mit einer vernünftigen Seele beseelt gewesen. Wenn nun nach ihrer Anschauung der Emmanuel nur aus dem Fleische und dem aus Gott dem Vater entsprungenen Worte bestände, so würden sie doch in keiner Weise genötigt sein, das Fleisch für sich gesondert und den Eingeborenen für sich gesondert hinzustellen und zwei Christus zu bekennen. So nehmen wir, wenn wir nach unserer Lehre behaupten, daß das aus Gott entstammte Wort mit einer dem Begriffe ihrer Natur entsprechend vollständigen Mensch-

[1] Is. 55, 8 f.

heit verbunden und vereinigt worden, wir nehmen, sage ich, auch keine zwei Söhne an, sondern einen und denselben, von Natur aus Gott und aus der Wesenheit Gottes und des Vaters selbst entsprungen, in den letzten Zeiten der Welt Mensch geworden und durch die heilige Jungfrau geboren und von uns wie von den heiligen * Engeln anzubeten, wie die Schriften besagen.

19. Wenn sie jedoch behaupten, der Zustand der Menschheit habe nur die Herabkunft des Eingeborenen gefordert, aber in dem Verlangen, „den Erdbewohnern zu erscheinen und mit den Menschen zu verkehren“[1] und uns den Weg des evangelischen Lebens vor Augen zu führen, habe er aus Zweckmäßigkeitsgründen sich mit einem dem unsrigen ähnlichen Fleische umhüllt — die Gottheit ist ja ihrer Natur nach unsichtbar —, so verraten sie damit, daß sie die Bedeutung der Menschwerdung nicht erkannt und das „große Geheimnis der Gottesfurcht“[2] nicht verstanden haben. Denn wenn die Fleischwerdung oder Menschwerdung des Eingeborenen lediglich den Zweck hatte, ihn den Erdbewohnern sichtbar zu machen, im übrigen aber der Natur des Menschen keinen Gewinn brachte, wie soll es da nicht besser und weiser sein, daß wir der Meinung der Doketen beitreten, die das Wort des Fleisches und des irdischen Leibes entkleiden, um es nur dem Scheine nach auf Erden als Mensch auftreten zu lassen? Diese Unglückseligen dürften aber überführt worden sein, von der Wahrheit abzuirren, und zwar ohne große Mühe. Oder soll es, würden sie sagen, wenn anders das gottentstammte Wort durch die Fleischwerdung der Natur des Menschen keinerlei Nutzen bringt, nicht besser sein, dieses Wort von der Unreinheit des Fleisches freizuhalten und anzunehmen, es habe sich überhaupt nur dem Scheine nach des irdischen Leibes bedient und so den vorgesetzten Zweck verwirklicht? Wenn nun jemand fragt, was denn eigentlich der Grund der Herabkunft

[1] Baruch 3, 38. [2] 1 Tim. 3, 16.

oder welches die Art und Weise der Menschwerdung gewesen und wozu sie erfolgt sei, so wollen wir ihm Antwort geben. Die göttliche Schrift soll als Lehrmeisterin dienen. Komm' also, mein Bester, vernimm die heiligen Schriften, hefte das Auge des Geistes aufmerksam auf die Aussprüche der heiligen Apostel und erfasse wohl den Bescheid auf deine Frage! Der weise Paulus also, und in ihm sprach Christus selbst, erklärt uns: „Da nämlich die Kinder an Blut und Fleisch teilhaben, so hat auch er in gleicher Weise daran teilgenommen, um durch den Tod den Machthaber des Todes, das heißt den Teufel, zunichte zu machen und diejenigen, die durch die Furcht vor dem Tode ihr ganzes Leben lang in Knechtschaft gehalten waren, zu befreien."[1] Und anderswo belehrt er uns über die Menschwerdung wie folgt: „Was nämlich", sagt er, „dem Gesetze unmöglich war, weil es schwach war durch das Fleisch, Gott hat seinen eigenen Sohn gesandt in Fleisch wie Sündenfleisch und der Sünde wegen, und hat die Sünde am Fleische verdammt, damit die Satzung des Gesetzes an uns erfüllt würde, indem wir nicht nach dem Fleische wandeln, sondern nach dem Geiste."[2]

20. Ist es nun nicht für einen Jeden ganz klar und offensichtlich, daß der Eingeborene einer wie wir geworden ist, das heißt ein vollkommener Mensch? Er wollte unsern irdischen Leib von der eingedrungenen Verderbnis erretten, indem er ihm durch die Menschwerdung in Weise der Einigung sein eigenes Leben einsenkte, die menschliche Seele aber sich zu eigen machen und über die Sünde hinausheben, indem er ihr die Festigkeit und Unwandelbarkeit seiner eigenen Natur aufdrückte wie etwa der Wolle die Farbe. Ich meine nämlich, daß bei Erörterungen über diese an und für sich recht dunkeln Dinge Gleichnisse nicht entbehrt werden können. Wir sehen ja die göttlichen und über die Vernunft hinausgehenden Geheimnisse nur „durch einen

[1] Hebr. 2, 14 f. [2] Röm. 8, 3 f.

Spiegel und in rätselhafter Weise".[1] Das angezogene Gleichnis aber ist, scheint mir, ganz passend, denn es schließt den wahrscheinlichen oder vielmehr den wahren Sachverhalt in sich. Wie also das Fleisch, nachdem es das Fleisch des allbelebenden Wortes geworden, die Macht der Verwesung und des Todes überragt, in derselben Weise, meine ich, ist die Seele, nachdem sie die Seele dessen geworden, der keine Sünde kannte, im Besitze eines in allem Guten befestigten und unwandelbaren und der ehemals über uns herrschenden Sünde unvergleichlich überlegenen Zustandes. Denn Christus ist der erste und einzige Mensch auf Erden, „der keine Sünde getan und in dessen Mund kein Trug erfunden worden".[2] Er ist aber gleichsam zur Wurzel und zum Erstling derjenigen gesetzt, die durch den Geist zu dem neuen Leben umgestaltet werden sollen, und er wird die Unverweslichkeit des Leibes und die aus der Gottheit stammende unerschütterliche Beständigkeit (im Guten), der Teilnahme nach und aus Gnade, auf das gesamte Menschengeschlecht übertragen. Das meint der göttliche Paulus, wenn er schreibt: „Wie wir das Abbild des Staubgeborenen getragen haben, so werden wir auch das Abbild des Himmlischen tragen."[3] Unter dem Abbild des Staubgeborenen nämlich versteht er den Hang zur Sünde und den von daher uns zustoßenden Tod; unter dem Abbild des Himmlischen, das heißt Christi, aber die Festigkeit in der Heiligung und die Rückkehr von Tod und Verwesung und die Erneuerung zu Unverweslichkeit und Leben.

21. Es ist also, behaupten wir, das ganze gottentstammte Wort mit unserer ganzen Menschheit geeint worden. Denn er hat nicht etwa das Bessere in uns, das heißt die Seele, außer acht gelassen, um die Mühen seines Erdenwandels nur dem Fleische zu widmen. Durch beide vielmehr hat er in entsprechender Weise das Geheimnis der Menschwerdung verwirklicht. Seines

[1] 1 Kor. 13. 12. [2] 1 Petr. 2, 22. [3] 1 Kor. 15, 49.

Fleisches bediente er sich wie eines Werkzeugs zu den Werken des Fleisches und den natürlichen Schwächezuständen und zu allem, was keinem Tadel unterlag, seiner Seele aber zu den menschlichen und schuldlosen Gefühlen und Stimmungen. Denn es heißt, daß er gehungert hat und Müdigkeit erduldet von langer Wanderung und Schrecken und Furcht und Trauer und Todesangst und den Tod am Kreuze. Ohne daß ihn jemand zwang, hat er von sich aus „sein Leben für uns eingesetzt",[1] „um über Tote und Lebende zu herrschen",[2] indem er sein Fleisch für das Fleisch aller hingab, ein in der Tat gleichwertiges Geschenk, seine Seele aber zum Lösepreis für die Seelen aller machte, wenngleich er auch wieder auflebte, weil er als Gott der Natur nach Leben ist. Hat ja auch der göttliche Petrus erklärt: „Ihr Männer, Brüder, es sei gestattet, freimütig von dem Erzvater David zu euch zu reden und zu sagen, daß er gestorben ist und begraben wurde und sein Grab bei uns ist bis auf diesen Tag. Da er nun Prophet war und wußte, daß Gott ihm mit einem Eide geschworen hatte, er werde einen aus der Frucht seiner Lenden auf seinen Thron setzen, so hat er in die Zukunft sehend von der Auferstehung Christi geweissagt, daß seine Seele nicht in der Unterwelt belassen werde und sein Fleisch nicht die Verwesung schaue."[3] Man würde auch nicht annehmen dürfen, daß das dem Worte geeinte Fleisch jemals von der Verwesung hätte ergriffen und die göttliche Seele von den Pforten der Unterwelt hätte überwältigt werden können; denn sie ist nicht in der Unterwelt belassen worden, wie auch der göttliche Petrus erklärte. Wir können ja sein Wort nicht dahin verstehen, daß die durchaus unfaßbare und dem Tode unzugängliche Natur, das heißt die Gottheit, des Eingeborenen aus den unterirdischen Tiefen zurückgeholt worden sei, und es wäre auch nichts Wunderbares gewesen, wenn das gottentstammte Wort nicht in der Unterwelt verblieben sein

[1] 1 Joh. 3, 16. [2] Röm. 14, 9. [3] Apg. 2, 29—31.

würde, da es durch die Kraft und Natur der Gottheit in unfaßbarer und unaussprechlicher Weise alles erfüllt und allem innewohnt. Denn das Göttliche ist erhaben über jede Örtlichkeit, jede Grenze und jede meßbare Größe, und von keinem Dinge kann es umschlossen werden.

22. Wunderbar aber war es und für einen jeden höchst erstaunlich, daß der von Natur vergängliche Leib wieder auflebte, weil er der Leib des unvergänglichen Wortes war, die Seele aber, die die Verbindung und Einigung mit dem Worte erlangt hatte, im Besitze göttlicher Macht und Gewalt in die Unterwelt hinabstieg und den dort befindlichen Geistern erschien. Sprach er ja auch „zu denen, die in Fesseln lagen: Geht hinaus!, und zu denen, die im Finsteren saßen: Kommt ans Licht"![1] In diesem Sinne, denke ich, sagt der göttliche Petrus von dem Worte Gottes und der kraft der Menschwerdung in Weise der Einigung ihm verbundenen Seele: „Denn besser ist es, als Gutestuende zu leiden, wenn Gottes Wille es so will, denn als Übeltäter, weil auch Christus einmal für die Sünder gestorben ist, der Gerechte für die Ungerechten, damit er uns zu Gott hinführe, getötet im Fleische, lebendig gemacht durch den Geist, wobei er", sagt er, „auch die im Kerker befindlichen Geister, die einst ungläubig waren, aufsuchte und ihnen predigte."[2] Er will jedenfalls nicht sagen, daß bloß die Gottheit des Eingeborenen für sich allein in die Unterwelt hinabgestiegen sei und den dort befindlichen Geistern gepredigt habe, da sie durchaus unsichtbar ist; das Göttliche ist ja zu erhaben, um jemals gesehen zu werden. Wir werden aber auch nicht zugeben, daß die Gottheit zum Scheine und trügerischer Weise sich in eine Seele verwandelt habe, denn der Schein ist allenthalben abzulehnen. Vielmehr hat er, wie er mit den Menschen auf Erden im Fleische verkehrte, so den Seelen in der

[1] Is. 49, 9. [2] 1 Petr. 3, 17—20.

Unterwelt im Gewande der Seele gepredigt, wie sie ihm geeint worden war.

23. Unergründlich freilich und wahrhaft unaussprechlich und unsern Gedanken unerreichbar ist die Art und Weise der Menschwerdung. Wir müssen uns deshalb wieder und wieder vor Augen halten, daß es nicht gefahrlos ist, das, was unserer Erfahrung fern liegt, ergrübeln zu wollen, und daß es höchst unverständlich ist, das, was unsere Vernunft übersteigt, der Nachprüfung zu unterziehen und zu versuchen, auszudenken, was nicht auszudenken ist. Weißt du nicht, daß dieses unergründliche und unsere Vernunft überragende Geheimnis unsererseits am besten geehrt wird durch einfachen Glauben? Das unverständige Wort „Wie kann dies geschehen?" jenem Nikodemus[1] und seinesgleichen überlassend, wollen wir die Aussprüche des göttlichen Geistes unbezweifelt annehmen und Christus selbst glauben, der da sagte: „Wahrlich, wahrlich, ich sage euch: Was wir wissen, reden wir, und was wir gesehen haben, bezeugen wir."[2] Fort also mit allem Geschwätz und leerem Gerede, mit allem Irrwahn und Trug aufgeputzter Worte! Wir dulden nichts, was geeignet erscheint, Schaden anzurichten, mögen die Gegner mit noch so erkünstelten und auch erbosten Reden gegen uns toben. Denn unser göttliches Geheimnis beruht „nicht auf überredenden Worten menschlicher Weisheit, sondern auf dem Erweise des Geistes."[3]

24. Der Eingeborene also, der den Schriften zufolge Gott ist und Herr aller Dinge, hat sich uns geoffenbart. Er „erschien auf Erden"[4] und leuchtete den im Finstern Sitzenden auf, indem er Mensch ward, nicht zum Scheine — Wahn ist es, so zu denken oder zu sprechen —, auch nicht so, daß er durch Veränderung oder Verwandlung zu Fleisch geworden wäre — denn das gottentstammte Wort ist unveränderlich und bleibt stets in einem und demselben Zustande —, auch nicht so, wie wenn er

[1] Joh. 3, 9. [2] Joh. 3, 11. [3] 1 Kor. 2, 4. [4] Baruch 3, 38.

selbst erst gleichzeitig mit dem Fleische zu sein begonnen hätte — denn er ist der Schöpfer der Zeiten —, auch nicht so, wie wenn er als unpersönliches Wort oder als bloße Rede in dem Menschen gewesen wäre — denn der, der einst das Nichtseiende ins Dasein rief, hat notwendig vorher selbst schon existiert, denn er ist das Leben, entsprungen aus dem Leben Gottes des Vaters, der anerkanntermaßen eine eigene Person ist. Er hat aber auch nicht bloßes Fleisch angelegt ohne vernünftige Seele, denn er ist in Wahrheit aus dem Weibe geboren worden und als Mensch erschienen, er, der lebendige und wahrhaft seiende und Gott dem Vater gleichewige Gott das Wort, der „Knechtsgestalt angenommen";[1] und wie vollkommener Gott, so ist er auch vollkommener Mensch, nicht nur aus Gottheit und Fleisch zu einem Christus und Herrn und Sohn zusammengesetzt, sondern aus zwei vollkommenen Wesenheiten, Menschheit nämlich und Gottheit, zu Einem und demselben in wunderbarer Weise vereint.

25. Es wird aber, wie sich erwarten läßt, jemand fragen: Wen hat denn nun die heilige Jungfrau geboren, den Menschen oder das gottentstammte Wort? Das ist eben der Irrtum und der Verstoß gegen das Richtige und Wahre. Du sollst mir nach erfolgter Einigung keine Spaltung vornehmen und uns den Emmanuel nicht in einen Menschen für sich und Gott für sich zerteilen, also eine Zweiheit von Personen herstellen. Uns soll niemand mit Recht vorwerfen können, daß wir statt des Richtigen etwas vertreten, was durch die Heilige Schrift verworfen wird. Einer von den Jüngern Christi hat wie folgt gesagt: „Ihr aber, Geliebte, seid eingedenk der früher von den Aposteln unseres Herrn Jesus Christus gesprochenen Worte, daß sie euch sagten: Am Ende der Zeiten werden listige Betrüger

[1] Phil. 2, 7.

kommen, die nach eigenen Gelüsten in Gottlosigkeiten wandeln. Diese sind es, die sich absondern, Sinnesmenschen, die den Geist nicht haben."[1] Man darf also in keiner Weise sondern oder trennen, vor allem nicht so, daß man nach der Einigung von Zweien redet und einen jeden von beiden für sich gesondert hinstellt. Freilich muß die Vernunft unterscheiden zwischen den Naturen — denn die Gottheit ist nicht dasselbe wie die Menschheit —, aber mit der Unterscheidung verbindet sie zugleich das Wissen um das Verknüpftsein beider zu einer Einheit. Aus Gott dem Vater also ist er als Gott, aus der Jungfrau ist er als Mensch hervorgegangen, denn nach der rechten Lehre ist es das auf unaussprechliche und unbegreifliche Weise aus Gott dem Vater aufgestrahlte Wort, welches auch aus dem Weibe geboren wurde, indem es zu der Menschheit herniederstieg und zu einer andern Natur sich herabließ, nicht um entäußert zu bleiben, sondern um als Gott anerkannt zu werden, und in unserer Gestalt sich auf Erden offenbarte, nicht in einem Menschen wohnend, sondern selbst der Natur nach Mensch geworden, unter Beibehaltung seiner Herrlichkeit. Faßt ja auch der göttliche Paulus das, was von gegenseitiger Wesensgleichheit so weit entfernt, ja durch einen unermeßlichen Abstand voneinander getrennt ist, Gottheit nämlich und Menschheit, der Lehre von der Menschwerdung gemäß in Eins zusammen und verkündet den e i n e n Christus und Sohn und Gott, der aus beiden Teilen besteht. „Paulus", sagt er, „Diener Jesu Christi, berufener Apostel, ausgesondert für das Evangelium Gottes, welches er vorherverheißen hatte durch seine Propheten in heiligen Schriften, über seinen Sohn, der geworden ist aus dem Samen Davids dem Fleische nach, dargetan als Gottessohn durch Machterweis gemäß dem Geiste der Heiligung."[2] Siehe, er sagt deutlich, er sei ausgesondert für das Evangelium Gottes, schreibt aber gleichwohl nicht minder deutlich: „Wir

[1] Jud. 17—19. [2] Röm. 1, 1—4.

verkünden ja nicht uns selbst, sondern Christus Jesus",[1] und wiederum: „Ich hatte mir nämlich vorgenommen, nichts zu wissen unter euch als Jesus Christus und diesen als Gekreuzigten."[2]

26. Er nennt ihn Sohn Gottes und sagt zugleich, daß er aus dem Samen Davids geboren und als Sohn Gottes dargetan sei und beglaubigt werde. Wie nun, sag mir: Kann Gott aus dem Samen Davids entsprossen sein? Und wie kann der, der vor Zeiten und von Ewigkeit her Sohn war, hervorgegangen aus dem Vater, wie kann er als Gottessohn dargetan worden sein, wenn er erst ins Dasein eingeführt wurde? Er hat ja selbst von sich gesagt: „Es sprach der Herr zu mir: Mein Sohn bist du, ich habe dich heute gezeugt",[3] und „heute" bezeichnet doch nicht die Vergangenheit, sondern stets die Gegenwart. Tief ist das Geheimnis, ja für diejenigen, die da teilen und trennen, ist es überhaupt nicht aufzuhellen und nicht zu durchdringen, während für die, die den Emmanuel zu einer Einheit verknüpfen, das ungetrübte Verständnis der heiligen Lehrsätze naheliegt, ja sich von selbst aufdrängt. Denn da der dem Erzeuger gleichewige und vor aller Zeit existierende Sohn zur Natur des Menschen herabgestiegen ist, nicht die Gottheit preisgebend, sondern die Menschheit annehmend, so kann man sich unschwer vorstellen, daß er aus dem Samen Davids geboren worden ist und in der Menschheit eine ganz neue Geburt gehabt hat. Das aber, was er angenommen hat, ist ihm nicht fremd, sondern wahrhaft sein eigen. Es wird deshalb als eins mit ihm angesehen, wie denn Entsprechendes sehr leicht auch bei der zusammengesetzten Menschennatur zu beobachten ist. Denn diese ist zusammengesetzt aus zwei der Natur nach ungleichen Bestandteilen, Seele nämlich und Leib, und beides zusammen stellt e i n e n Menschen dar, so zwar, daß bisweilen nach dem Fleische allein das ganze Lebewesen benannt, aber auch unter dem Namen der Seele

[1] 2 Kor. 4, 5. [2] 1 Kor. 2, 2. [3] Ps. 2, 7.

beides, Seele und Leib, verstanden wird. In gleicher Weise sind nun auch die Aussagen über Christus aufzufassen. Denn es ist ein Sohn und ein Herr Jesus Christus, sowohl vor dem Dasein des Fleisches als auch nach dem Erscheinen als Mensch.

27. Wir wollen deshalb den Herrn, der uns erkauft hat, nicht verleugnen, auch wenn wir mitunter Menschliches und dem Stande der Entäußerung Entsprechendes von ihm hören. Den Juden hat unser Herr Jesus Christus gesagt: „Wenn ihr Kinder Abrahams wäret, würdet ihr die Werke Abrahams tun. Nun aber sucht ihr mich zu töten, einen Menschen, der ich euch die Wahrheit gesagt habe. Das hat Abraham nicht getan."[1] Und Paulus schreibt von ihm: „Der in den Tagen seines Fleisches Bitten und Gebete mit lautem Ruf und Tränen dem, der ihn vom Tode retten konnte, dargebracht hat und seiner Gottesfurcht wegen erhört worden ist, der, obwohl er Sohn war, aus dem, was er litt, den Gehorsam erlernt hat."[2] Sollen wir deswegen Christus für einen bloßen Menschen halten, der in keiner Weise über unsere Natur erhaben war? Das sei fern! Werden wir aber zugeben, daß Gottes Weisheit und Macht bis zu einer derartigen Schwäche hinabgestiegen sei, daß er vor dem Tode bangte und den Vater um Rettung anflehte, und nun nicht mehr anerkennen, daß der Emmanuel der Natur nach Leben ist? Oder werden wir so einsichtig sein und die in jenen Worten ausgesprochene Armseligkeit auf die Menschheit und den Stand unserer Natur beziehen, aber doch die ihm als Gott zukommende überweltliche Herrlichkeit nicht anzweifeln, indem wir uns bewußt bleiben, daß er ebensowohl Gott wie auch Mensch oder menschgewordener Gott ist? Der hochgeschätzte Paulus soll in die Mitte treten und mit mächtiger Stimme sprechen: „Weisheit aber verkünden wir unter den Vollkommenen, freilich nicht die Weisheit dieser Welt und der Fürsten dieser Welt, die doch ab-

[1] Joh. 8, 39 f. [2] Hebr. 5, 7 f.

getan werden, aber wir verkünden die in Geheimnisse gehüllte Weisheit Gottes, die verborgen war, die keiner der Fürsten dieser Welt erkannt hatte; denn wenn sie sie erkannt hätten, würden sie den Herrn der Herrlichkeit nicht gekreuzigt haben."[1] Und sodann: „Der, da er der Abglanz seiner Herrlichkeit und das Ebenbild seines Wesens ist und das Weltall trägt mit dem Worte seiner Macht, nachdem er die Reinigung von unsern Sünden gewirkt, sich zur Rechten der Majestät in den Höhen gesetzt hat, um so größer geworden als die Engel, je vorzüglicher der Name ist, den er vor ihnen ererbt hat."[2] — „Herr der Herrlichkeit" zu sein und genannt zu werden, ist gewiß etwas überaus Großes, hoch hinausreichend über alles das, was geworden und ins Dasein gerufen ist. Ich übergehe die Menschennatur, weil sie gar so klein ist. Ich betone aber: Auch wenn jemand auf die Engel hinweisen und Fürstentümer und Throne und Herrschaften aufzählen und bis zu den am höchsten stehenden Seraphim vordringen wollte, er würde gleichwohl, wenn anders er gesunde Vernunft und Einsicht hat, zugestehen müssen, daß alles dies hinter jener so überaus großen Hoheit weit zurücksteht. Denn sie stellt, denke ich, eine unvergleichliche Auszeichnung dar und kann nur der über allem thronenden Natur zukommen. Wie nun kann der Gekreuzigte „Herr der Herrlichkeit" sein, der Abglanz des Vaters und das Ebenbild seines Wesens genannt, das Weltall tragend mit dem Worte seiner Macht, größer geworden als die Engel? Ich meine fast, er habe einen niedrigeren Stand erwählt, da er als Mensch erschien. Denn es steht geschrieben: „Den eine kleine Weile unter die Engel erniedrigten Jesus sehen wir wegen des Todesleidens mit Herrlichkeit und Ehre gekrönt."[3] Werden wir also dem aus Gott dem Vater entsprungenen Worte die ihm zustehende wesenhafte Erhabenheit und die genaue Gleichheit mit dem Vater absprechen, wenn wir sehen, daß er sogar unter die Ho-

[1] 1 Kor. 2, 6—9. [2] Hebr. 1, 3 f. [3] Hebr. 2, 9.

heit der Engel erniedrigt wird wegen der mit der Menschwerdung verbundenen Armseligkeit? Durchaus nicht. Wir dürfen, denke ich, weder das gottentstammte Wort nach der Fleischesannahme jemals gänzlich von der Menschennatur trennen noch auch die Menschennatur in Christus der göttlichen Herrlichkeit entkleiden.

28. Aber ich weiß wohl, daß einige jetzt fragen werden: Wer ist denn nun in Wahrheit Jesus Christus? Der Mensch aus dem Weibe oder das Wort aus Gott? Es würde zwar sehr töricht sein, sich übermäßig anzustrengen und Schwätzereien und Fabeleien im einzelnen zu beantworten. Das aber will ich doch sagen, daß es gefährlich und nicht straflos ist, eine Zweiteilung vorzunehmen und den Menschen und das Wort gesondert hinzustellen, weil die Menschwerdung dies nicht zuläßt und die gotteingegebene Schrift e i n e n Christus verkündet. Denn man darf, behaupte ich, weder das gottentstammte Wort, getrennt von der Menschheit, noch auch den aus dem Weibe geborenen Tempel, losgelöst aus der Einigung mit dem Worte, Christus Jesus nennen. Christus ist vielmehr das gottentstammte Wort, wie es gemäß der Einigung der Menschwerdung auf unaussprechliche Weise mit der Menschheit verbunden ist, erhaben über die Menschheit, insofern es von Natur aus Gott und Sohn ist, aber freiwillig sich unterordnend, mit Rücksicht auf die angenommene Menschennatur. Deshalb sagte er das eine Mal: „Wer mich gesehen, hat den Vater gesehen“,[1] und: „Ich und der Vater sind eins“;[2] ein anderes Mal aber auch wieder: „Der Vater ist größer als ich.“[3] Er ist nicht geringer als der Vater, insofern er der Wesenheit nach derselbe und in allem ihm gleich ist; er erklärt sich aber für geringer mit Rücksicht auf die angenommene Menschennatur.

29. Die heiligen Schriften stellen ihn daher bald schlechtweg als Menschen dar, unter Verschweigung seiner Gottheit, auf Grund der Menschwerdung, bald aber

[1] Joh. 14, 9. [2] Ebd. 10, 30. [3] Ebd. 14, 28.

auch wieder schlechtweg als Gott, unter Verschweigung seiner Menschheit, und hier wie dort geben sie ihm das Seinige, weil das eine mit dem andern zur Einheit verbunden ist. Der göttliche Paulus, Hebräer aus Hebräern und vom Stamme Benjamin, berufener Apostel, schreibt an diejenigen, welche mittels des Glaubens gerechtfertigt worden waren und nun die Glieder des Fleisches, ich meine Unzucht und Leidenschaft, böse Begierde und Habsucht ertötet hatten: „Denn ihr seid gestorben, und euer Leben ist mit Christus verborgen in Gott."[1] Er selbst aber sagt von seinen Jüngern: „Heiliger Vater, bewahre sie in deinem Namen, die du mir gegeben hast, damit sie eins seien, wie wir es sind. Als ich bei ihnen war, bewahrte ich sie in deinem Namen, den du mir gegeben hast, und ich habe sie behütet, und keiner aus ihnen ist zugrunde gegangen außer dem Sohne des Verderbens, damit die Schrift erfüllt würde. Jetzt aber komme ich zu dir, und dieses spreche ich in der Welt, damit sie meine Freude vollkommen in sich haben."[2] — Verstehst du, wie er uns an diesen Stellen anscheinend nur von seiten der Menschheit vorgestellt wird? Denn wir dürfen keineswegs folgern, daß er sich verborgen und die Welt verlassen habe. Sagt er doch deutlich: „Wahrlich, wahrlich, ich sage euch: Wo immer zwei oder drei in meinem Namen versammelt sind, da bin ich mitten unter ihnen",[3] und wiederum: „Ich bin bei euch alle Tage bis an das Ende der Welt."[4] Nicht selten hingegen scheint der hochheilige Paulus es ganz außer acht zu lassen, daß er auch als Mensch anerkannt werden muß. Er schreibt: „Paulus, Apostel nicht von Menschen her noch durch einen Menschen, sondern durch Jesus Christus",[5] und wiederum: „Ich tue euch aber kund, daß das Evangelium, welches von mir verkündet worden, nicht von Menschenart ist; denn ich habe es auch nicht von einem Menschen empfangen oder gelernt, sondern

[1] Kol. 3, 3. [2] Joh. 17, 11—13. [3] Matth. 18, 20. [4] Ebd. 28, 20.
[5] Gal. 1, 1.

durch Offenbarung Jesu Christi",[1] und nochmals an einer andern Stelle: „Wenn wir aber Christus auch dem Fleische nach gekannt haben, so kennen wir ihn doch jetzt nicht mehr."[2] — Wer ist nun dieser Jesus Christus, der ihm die so unaussprechliche, untrügliche und göttliche Offenbarung seiner Geheimnisse aufleuchten ließ? Ist es nicht das Wort, welches Fleisch geworden und um unsertwillen die Geburt aus dem Weibe nicht verschmäht hat? Wie sollte das, was ich da sage, nicht wahr sein? Wir erinnern uns ja, daß der selige Gabriel zu der heiligen Jungfrau sagte: „Fürchte dich nicht, Maria, denn siehe, du wirst empfangen im Schoße und einen Sohn gebären, und du wirst seinen Namen Jesus nennen."[3] Das war, glaube ich, ein neuer Name, der von seiten des Vaters durch die Stimme des Engels dem Worte gegeben wurde. So hatte auch ein prophetischer Ausspruch es vorhergesagt: „Und sie werden ihn mit einem neuen Namen nennen, den der Herr ihm geben wird."[4] Als deshalb der dem Vater gleich ewige und vor aller Zeit existierende Sohn und Eingeborene in den letzten Zeiten der Welt Mensch geworden und aus dem Weibe geboren und als Sohn dargetan und nun auch zum „Erstgeborenen" bestellt und „einer unter vielen Brüdern"[5] wurde, da bestimmt sein natürlicher Vater ihm auch einen Namen, sozusagen in Verfolg der Gesetze der Vaterschaft.

30. Einer und derselbe also ist sowohl Eingeborener als auch Erstgeborener. Eingeborener ist er als Gott, Erstgeborener, nämlich unter uns, vermöge der Einigung der Menschwerdung, und einer unter vielen Brüdern ist er als Mensch. In ihm und durch ihn sollten auch wir Söhne Gottes sein, der Natur nach und aus Gnade, der Natur nach er und er allein, der Teilnahme nach und aus Gnade wir (alle) durch ihn in der Kraft des Geistes. Wie also der Menschheit das Eingeborensein Christi zu

[1] Gal. 1, 11 f. [2] 2 Kor. 5, 16. [3] Luk. 1, 30 f. [4] Is. 62, 2.
[5] Röm. 8, 29.

eigen geworden, weil sie kraft der Menschwerdung dem Worte geeint wurde, so ist es dem Worte eigen geworden, einer unter vielen Brüdern und Erstgeborener zu sein, weil es dem Fleische geeint wurde. Im festen Besitze der Gottheit nun und über allem Wandel erhaben, ist er stets geblieben, was er war, auch als er Mensch wurde, mit der Oberherrschaft über alle Dinge und der höchsten Herrlichkeit gekrönt. Deshalb ist zugleich mit uns auch der heiligen und allseligen Schar der himmlischen Geister das Gebot gegeben worden, ihn anzubeten. Es wäre ja jedenfalls durchaus begreiflich gewesen, wenn diese Geister beim Anblick der Armseligkeit der Menschheit eine Anbetung verweigert und überhaupt jede Ehrenbezeigung abgelehnt und gegen die Verherrlichung dessen, der um unsertwillen einer wie wir geworden war, sich gesträubt hätten, ohne damit auch nur im entferntesten sich einer Verirrung schuldig zu machen. Denn auch für sie war das über Christus liegende Geheimnis noch undurchdringlich, und es bedurfte einer Offenbarung von seiten des Geistes, um sie, die in der Heiligkeit befestigt waren, vor einer Gottlosigkeit zu bewahren. Darum sagt der göttliche Paulus: „Wenn er aber den Erstgeborenen in die Welt einführt, spricht er: Und anbeten sollen ihn alle Engel Gottes."[1] Denn der, der durch seine natürliche Eigenart über die ganze Welt erhaben ist und als Gott außer ihr existiert, ist als Mensch in sie eingegangen und ein Teil der Welt geworden, hat aber deswegen die göttliche Herrlichkeit nicht eingebüßt. Angebetet wird er ja als Eingeborener, wenngleich er auch Erstgeborener genannt wird, wie denn der letztere Name der Menschheit wegen besonders angemessen erscheint.

31. Werden wir also den Emmanuel als Menschen anbeten? Das sei fern! Das ist leeres Gerede und Täuschung und Trug. Wir würden uns sonst in keiner Weise von denen unterscheiden, die das Geschöpf angebetet

[1] Hebr. 1, 6.

haben statt des Schöpfers und Weltenbildners, „die die Wahrheit Gottes vertauscht haben mit der Lüge", wie geschrieben steht.[1] Wollten wir ebenso denken, so hätten wir jedenfalls mit ihnen zu hören: „Während sie prahlten, Weise zu sein, sind sie Toren geworden und haben die Herrlichkeit des unvergänglichen Gottes vertauscht mit der Gestalt eines Bildes von einem vergänglichen Menschen und von Vögeln und von vierfüßigen und kriechenden Tieren."[2] Oder würden wir diesen Götzendienern in Tat und Gesinnung nicht ganz an die Seite treten und die Herrlichkeit Gottes vertauschen mit der Lüge, mit der Gestalt eines Bildes von einem vergänglichen Menschen, wenn wir dem Emmanuel als bloßem Menschen und Einem der Unsrigen Anbetung widmen wollten? Und wie? Würde nicht auch das himmlische Heer der Engel den so tief in Wahnsinn Verstrickten beigesellt werden müssen? Und auch gegen den Kreis der Völker würden wir eine unentrinnbare Anklage auf Verirrung erheben können, und die Schmach der alten Sünden würde unaustilgbar sein. Denn die Völker irren, meine ich, auch jetzt noch, nicht weniger als ehedem, ohne den Pfad zum Rechten erkannt zu haben. Der selige Paulus hat, scheint es, allen Grund, ihnen vorzuhalten: „Allein damals zwar, als ihr Gott nicht kanntet, dientet ihr Göttern, die es in Wahrheit nicht sind. Jetzt aber, da ihr Gott erkannt habt oder vielmehr von Gott erkannt worden seid, wie kommt ihr dazu, euch wieder den schwachen und armen Anfangsgründen zuzuwenden, um ihnen von neuem zu dienen?"[3] Denn welchen Gott kennen sie noch, wenn Christus, an den sie glauben, nicht in Wahrheit Gott ist? Beten sie aber einen Menschen an, so liegen sie noch in den Schlingen des alten Irrwahns. Oder ist es nicht wahr, was ich sage? Freilich ist es wahr. Sieh also, christusliebender Kaiser, wie wir schon allein durch zwingende Vernunftgründe zu der Folgerung gedrängt werden, daß

[1] Röm. 1, 25. [2] Ebd. 1, 22 f. [3] Gal. 4, 8 f.

man das aus Gott dem Vater entsprungene Wort verständigerweise als wahren Gott anbeten muß, auch wenn es in unserer Gestalt erschienen ist, da die Verbindung der zwei Naturen zur Einheit wohl geeignet ist, alles, was etwa den Verdacht bloßer Menschheit erregen könnte, aus dem Wege zu räumen. Denn wenn die Natur des Wortes das Menschliche angenommen hat, so ist sie deshalb keine bloße Menschheit, überragt vielmehr das Angenommene durch ihre eigene Herrlichkeit und verbleibt im unerschütterlichen Besitze göttlicher Hoheit. In dieser Erkenntnis haben die Jünger ihn angebetet, indem sie sprachen: „Wahrhaftig, du bist der Sohn Gottes!",[1] obwohl sie ihn mit Füßen gehen sahen und in einem Fleische, wie wir es haben, denn als Gott wandelte er wunderbarerweise auf hoher Meeresflut.

32. Der Gegner einer solchen Herrlichkeit wird aber vielleicht fragen: Und wer war der, der zu dem samaritanischen Weibe sagte: „Ihr betet an, was ihr nicht kennt; wir beten an, was wir kennen?"[2] Wie kann denn der anzubeten sein, der sich selbst denen zuzählt, die anbeten? Ich antworte, daß die Frage „Wer war es?" da, wo es sich einfach um Christus handelt, unzulässig und töricht ist. Denn er ist durchaus nicht geteilt. Der, der mit dem Weibe redete, war der eine und einzige Herr Jesus Christus, aus der anbetenden Menschheit und der anzubetenden Gottheit bestehend, in Wahrheit Gott und Mensch zugleich, wie man ja auch sonst Gegensätzliches von ihm aussagen kann. Denn insofern er Gott ist, ist er der Herr der Herrlichkeit; insofern er aber ein durch Teilnahme an Gott zu verherrlichender Mensch geworden ist, bedurfte er auch wieder der Herrlichkeit, weshalb er sprach: „Vater, verherrliche deinen Sohn!"[3] Im übrigen aber: „E i n Herr, e i n Glaube, e i n e Taufe", wie geschrieben steht.[4] Gleichwie nun e i n Glaube an Christus und in Wahrheit e i n e Taufe, obwohl wir ja getauft werden im Glauben an Vater und Sohn und Hei-

[1] Matth. 14, 33. [2] Joh. 4, 22. [3] Ebd. 17, 1. [4] Eph. 4, 5.

ligen Geist, in gleicher Weise und aus dem gleichen Grunde gibt es, glaube ich, eine Anbetung, des Vaters und des menschgewordenen Sohnes und des Heiligen Geistes. Denn der Eingeborene darf von der für uns sowohl wie für die heiligen Engel pflichtmäßigen Anbetung keineswegs ausgeschlossen werden, wenn er auch „Fleisch geworden ist und unter uns gewohnt hat"[1] und zum „Erstgeborenen unter vielen Brüdern"[2] bestellt ist. Denn welchen Grund gäbe es sonst für den Glauben an ihn? Wie sollte das nicht zu beachten sein? Denn ich kann nicht annehmen, daß sie, wenn sie anders der rechten Lehre eingedenk sein wollen, sagen werden, wir glaubten nur an das aus Gott dem Vater entsprossene Wort, des Fleisches entkleidet; wir dürfen aber auch nicht darauf verzichten, dieses andere beizufügen, wie es noch gesagt werden soll. Der Glaube gilt ja nicht Einem aus uns und nicht einem Menschen, sondern dem, der von Natur aus und in Wahrheit Gott ist „im Angesichte Christi". Diesem Standpunkt pflichtet auch der weise Paulus bei, wenn er schreibt: „Denn wir verkünden nicht uns selbst, sondern Christus Jesus als Herrn, uns aber als eure Diener durch Jesus Christus. Denn Gott, der aus Finsternis Licht aufleuchten ließ, ist es, der in unsern Herzen aufgeleuchtet ist, um die Erkenntnis seiner Herrlichkeit im Angesichte Jesu Christi erstrahlen zu lassen."[3] Sieh, klar und deutlich ist die Erkenntnis Gottes und des Vaters aufgeleuchtet im Angesichte Christi. Deshalb sagte er auch: „Wer mich gesehen, hat den Vater gesehen";[4] „Ich und der Vater sind Eins."[5]

33. Das Ebenbild Gottes haftet aber nicht am Leibe, sondern besteht in durchaus göttlicher Macht und Herrlichkeit, und es war bei Christus klar ausgeprägt. Dadurch wollte er erkannt werden, und durch die Größe seiner Werke suchte er die Gedanken der Zuhörer in die Höhe zu heben, da das sichtbare Fleisch ihn in den

[1] Joh. 1, 14. [2] Röm. 8, 29. [3] 2 Kor. 4, 5 f. [4] Joh. 14, 9.
[5] Ebd. 10, 30.

Augen der Unverständigen immerhin niedriger erscheinen ließ. „Denn", sagte er, „wenn ich nicht die Werke meines Vaters tue, so glaubt mir nicht; wenn ich sie aber tue, und wenn ihr mir nicht glauben wollt, so glaubt meinen Werken!"[1] Ich denke aber, Christus habe dies damals gesagt, weil er wohl wußte, daß es keineswegs ohne Nutzen sei. Da sie nämlich meinten, der um unsertwillen Mensch Gewordene sei nicht der Natur nach Gott, sondern nur ein Mensch wie wir, und deswegen manche den Glauben an ihn als unannehmbar erachteten, so wollte er ihr Zaudern und Zögern in zwingender Weise abschneiden, indem er den Glauben der Natur der Gottheit, wie sie der Person des Vaters eignet, vorbehielt und nicht für die der unsrigen gleiche Armseligkeit beanspruchte. Daher sagte er: „Wer an mich glaubt, glaubt nicht an mich, sondern an den, der mich gesandt hat; und wer mich sieht, sieht den, der mich gesandt hat."[2] Ist es nicht, wie wenn er sagte: O ihr Hörer meiner Worte, denkt nicht gering und niedrig von mir! Wisset vielmehr, daß ihr, wenn ihr mir, den ihr im Fleische vor euch seht, Glauben schenkt, nicht einfach an einen Menschen glaubt, sondern an den Vater selbst durch mich, seinen Sohn, der ihm in allem gleich und desselben Wesens ist, um euretwillen Fleisch geworden und in die armselige Hülle der Menschheit gekleidet, trotzdem jedoch in seinem Sein und Wirken dem Vater gleich und unverkürzt ganz derselben Herrlichkeit teilhaftig.

34. Anderswo aber sieht man ihn auch wieder den Glauben nicht abweisen, sondern ohne irgendwelche Trennung oder Unterscheidung wie in eigener Person annehmen, obwohl er Mensch geworden war. Als er den Blindgeborenen geheilt und ihm das süße und ungewohnte Licht mitgeteilt hatte, ward er begreiflicherweise von allen Seiten bewundert.[3] Der von seinem Leiden Befreite wurde von den Juden zur Rede gestellt und gestand, wer der Arzt gewesen. Als nun Jesus ihn traf,

[1] Joh. 10, 37 f. [2] Ebd. 12, 44 f. [3] Ebd. 9, 1—38.

sprach er zu ihm: „Glaubst du an den Sohn Gottes?", und als dieser erwiderte: „Wer ist es, Herr, daß ich an ihn glaube?", antwortete er: „Und du hast ihn gesehen, und der, der mit dir redet, der ist es." Jener aber sagte: „Ich glaube, Herr", und er betete ihn an. Nun ist aber doch allen bekannt, daß die göttliche und allerhöchste Natur durchaus unsichtbar ist; denn „niemand hat jemals Gott gesehen", wie geschrieben steht.[1] Wenn aber das aus Gott dem Vater entsprungene Wort, seine Menschennatur, wie sie an sich war, ganz beiseite schiebend, rein und allein für sich Glauben forderte, warum hat er den Geheilten nicht zum Nachdenken über die besondere Natur Gottes gemahnt, sondern sie ihm leiblich gezeigt, wie sie mit Augen gegenwärtig zu sehen war? Er sagte ja: „Und du hast ihn gesehen, und der, der mit dir redet, der ist es." Wir werden doch nicht bezweifeln, daß er ihm das Fleisch gezeigt hat. Wie soll er übrigens weiterhin das Fleisch gewesen sein, wenn nicht infolge der Einigung, vermöge deren er das war, was ihm eigen geworden? So ist es ja auch bei uns der Fall. Denn auch Aussagen über den aus Seele und Leib bestehenden Menschen in seiner Gesamtheit, ungeteilt und ungeschmälert, werden oft von dem Fleische allein hergenommen.

35. Der weise Johannes hat uns auch irgendwo geschrieben: „Noch viele andere Zeichen hat Jesus vor seinen Jüngern gewirkt, die nicht in diesem Buche geschrieben sind. Diese aber sind geschrieben, damit ihr glaubet, daß Jesus der Christus, der Sohn Gottes, ist, und damit ihr durch den Glauben das Leben habet in seinem Namen."[2] Nicht weniger aber muß man auch den göttlichen Petrus bewundern, der klar und deutlich zu den Juden sprach: „Vorsteher des Volkes und Älteste, wenn wir heute zur Rede gestellt werden über die einem kranken Menschen erwiesene Wohltat, durch wen er gesund geworden sei, so soll euch allen und dem ganzen

[1] Joh. 1, 18. [2] Ebd. 20, 30 f.

Volke Israel bekannt sein, daß er im Namen Jesu Christi des Nazareners, den ihr gekreuzigt habt, den Gott von den Toten auferweckt hat, daß er in diesem Namen gesund vor euch steht."[1] Und weiterhin wieder: „Und in keinem andern ist das Heil; denn es ist kein anderer Name unter dem Himmel den Menschen gegeben, in welchem wir gerettet werden müßten."[2] — Wer ist nun der, der sich dem Tode unterzogen und in Herrlichkeit auferweckt worden und aus Nazareth gekommen, wenn nicht Christus Jesus, das heißt der, der vor aller Zeit aus Gott dem Vater auf unaussprechliche Weise gezeugt, in der letzten, dem Ende zugehenden Weltzeit aber auch körperlich aus dem Weibe geboren worden? Wer also den Glauben an ihn annimmt, wird das herrliche Ehrengeschenk erhalten, wird nämlich Sohn Gottes genannt werden. Denn „allen, welche ihn aufnahmen, gab er die Gewalt, Kinder Gottes zu werden, denen, die an seinen Namen glauben, die nicht aus dem Geblüte und nicht aus Fleischeswillen und nicht aus Manneswillen, sondern aus Gott geboren sind".[3] Zu dem Zwecke nämlich, derjenige zu werden, „der unter allen den Vorrang hat", wie geschrieben steht,[4] ist er aus dem Weibe geboren worden.

36. Da er aber der Erstling der Schöpfung ist, welche durch Heiligung zu Gott hin erneuert werden soll, so erwies er sich auch vor allen andern als aus dem Geiste geboren. Er umging die Verbindung von Mann und Weib, nicht um die Natur der Unehre und Schmach anzuklagen — denn „in Ehren gehalten sei die Ehe",[5] und „der Schöpfer von Anfang an hat sie als Mann und Weib erschaffen"[6] —, sondern um das Menschliche schon irgendwie zum Größeren und unvergleichlich Erhabeneren hinzuwenden. Denn er wollte, daß auch wir Geistesgeborene seien, nicht Mannesgeborene. Sagte er doch: „Nennt niemanden auf Erden euren Vater, denn Einer ist euer

[1] Apg. 4, 8—10. [2] Ebd. 4, 12. [3] Joh. 1, 12 f. [4] Kol. 1, 18.
[5] Hebr. 13, 4. [6] Matth. 19, 4.

Vater, der im Himmel ist; ihr alle aber seid Brüder."[1] Es ist also durchaus nichts Tadelnswertes, an ihn zu glauben, es wird vielmehr ausgezeichnet durch Vergebung der Sünden. Denn so schreibt hinwieder der auserwählte Paulus: „Da wir aber wissen, daß der Mensch nicht gerechtfertigt wird aus Gesetzeswerken, außer durch den Glauben an Jesus Christus, so haben auch wir an Christus geglaubt, um in ihm gerechtfertigt zu werden."[2] Ich möchte aber nicht versäumen, noch einmal zu wiederholen, was ich vorhin gesagt habe, daß nämlich unter Christus Jesus nicht das gottentstammte Wort für sich allein zu verstehen ist, sondern das Wort, welches das Menschliche angenommen hat und unvermischt mit dem Fleische vereint ist. Dieses Wort, wie es sichtbar geworden und in unserer Gestalt erschienen war, zeigte der Vater den heiligen Aposteln, während von oben her die Stimme erscholl: „Dieser ist mein geliebter Sohn, an dem ich mein Wohlgefallen habe; ihn sollt ihr hören."[3] Beachte wohl, daß er nicht sagt: in diesem ist mein Sohn, damit man nicht meine, er sei zu teilen, und es sei gleichsam einer in dem andern, sondern e i n e r und derselbe ist er, gemäß der Einigung der Menschwerdung. Daß es aber sündhaft ist, zu widersprechen, und äußerst gefährlich, davon kann Johannes überzeugen, der wie folgt schreibt: „Dies ist das Zeugnis Gottes, daß er Zeugnis gegeben hat von seinem Sohne. Wer an den Sohn glaubt, hat das Zeugnis Gottes in sich. Wer Gott nicht glaubt, macht ihn zum Lügner, weil er nicht glaubt an das Zeugnis, welches Gott gegeben hat von seinem Sohne."[4] Er hat aber bezeugt: Dieser, der im Fleische ist und in Knechtsgestalt, er ist einzig und allein und im eigentlichen Sinne wahrhaft mein Sohn. Wir werden aber notwendig auch zugeben müssen, daß die durch die heilige Taufe vermittelte herrliche Gnade und das in ihr gewonnene Leben und die Teilnahme an Gott vermöge der Heiligung im Geiste

[1] Matth. 23, 8 f. [2] Gal. 2, 16. [3] Matth. 17, 5. [4] 1 Joh. 5, 9 f.

durch Jesus Christus gewirkt worden sind. Wir erinnern uns, daß Johannes sagte: „Der nach mir kommen wird, ist stärker als ich, und ich bin nicht würdig, seine Schuhe zu tragen; er wird euch taufen im Heiligen Geiste und Feuer."[1] Sollen wir nun, sag' mir, annehmen, es sei Sache unserer Menschheit, im Heiligen Geiste und Feuer taufen zu können? Wie würde das möglich sein? Er spricht aber von einem Manne, der bald kommen und in Erscheinung treten soll, und sagt, dieser werde taufen in Feuer und im Heiligen Geiste. Nicht einen fremden Geist teilt er den Täuflingen mit, nach Art eines Knechtes oder Dieners, sondern als Gott der Natur nach vermittelt er ihnen mit höchster Machtvollkommenheit den von ihm ausgehenden und ihm eigenen Geist, durch welchen uns auch das göttliche Merkmal aufgedrückt wird. Denn unsere Erneuerung zu dem göttlichen Bilde, zu Christus Jesus, besteht nicht in einer leiblichen Umwandlung — das anzunehmen wäre ganz ungereimt —, sondern darin, daß wir des Heiligen Geistes teilhaftig werden und damit in den Besitz Christi selbst gelangen, so daß wir freudig ausrufen können: „Es frohlocke meine Seele im Herrn, denn er hat mich bekleidet mit dem Mantel des Heiles und dem Gewande der Freude!"[2] „Denn", heißt es, „ihr alle, die ihr auf Christus getauft worden seid, habt Christum angezogen."[3]

37. Es könnte nun jemand kommen und fragen: Sind wir denn also auf einen Menschen getauft worden? Werden wir diese Frage bejahen? Wir werden vielmehr entgegnen: Sprich nicht so, o Mensch! Was fängst du an, du Unvernünftiger? Du drückst unsere Hoffnung hinab auf die Erde. Nicht auf einen bloßen Menschen sind wir getauft worden, sondern auf den menschgewordenen Gott, der diejenigen, die sich zum Glauben an ihn bekennen, von Strafe und von den früheren Verschuldungen freispricht. Sagt ja der göttliche Petrus in seiner Ansprache an die Juden auch: „Tut also Buße, und ein jeder von

[1] Matth. 3, 11. [2] Is. 61, 10. [3] Gal. 3, 27.

euch soll sich taufen lassen auf den Namen Jesu Christi zur Nachlassung eurer Sünden, und ihr werdet die Gabe des Heiligen Geistes empfangen."[1] Indem er nämlich dem, der sich zu ihm hinwendet, die Sünden vergibt, salbt er ihn überdies mit seinem Geiste, den er als das aus Gott dem Vater entstammte Wort mitteilt und aus seiner Natur heraus auf uns überströmen läßt. Als er dies zur Zeit seines Wandels im Fleische tat, hat er um der Einigung willen als Mensch auch leiblich den Geist eingehaucht. Denn er hauchte die heiligen Apostel an, während er sprach: „Empfanget den Heiligen Geist!"[2] „Und nicht in kärglichem Maße gibt er den Geist", nach dem Worte des Johannes,[3] sondern aus sich selbst heraus teilt er ihn mit, ganz so wie auch der Vater. Kann man doch sehen, wie der göttliche Paulus, ohne irgendeinen Unterschied zu machen, den Geist bald Gott dem Vater zuweist, bald aber auch wieder dem Sohne. Er schreibt nämlich wie folgt: „Ihr aber seid nicht im Fleische, sondern im Geiste, wenn anders der Geist Gottes in euch wohnt. Wenn aber jemand den Geist Christi nicht hat, der ist nicht sein. Wenn jedoch Christus in euch ist, so ist zwar der Leib tot um der Sünde willen, der Geist aber ist lebendig um der Gerechtigkeit willen."[4] Es steht demnach fest, daß der Geist auch dem Sohne eigen ist, und zwar nicht nur dem aus dem Vater entsprungenen Worte, sondern auch dem uns gleich gewordenen Menschen, weil er als solcher der in seiner Natur gründenden Eigenheiten der Gottheit nicht ermangelt. Ist er doch das Leben aller vermöge der unaussprechlichen Geburt aus dem lebendigen Vater, wenngleich es auch wieder heißt, daß er gleich uns lebendig gemacht werde. So kann man auch sehen, daß er seinem Fleische die Herrlichkeit göttlicher Wirksamkeit schenkt, während er anderseits auch wieder das Fleisch sich selbst zu eigen macht und der Einigung der Mensch-

[1] Apg. 2, 38. [2] Joh. 20, 22. [3] Ebd. 3, 34. [4] Röm. 8, 9 f.

werdung entsprechend gewissermaßen auch seiner Natur beilegt.

38. Oder erscheint es nicht durchaus angemessen, daß das der Natur nach aus Gott dem Vater stammende Wort von oben und vom Himmel her kommt und diejenigen lebendig machen kann, denen es das Leben mitteilen will? Soll aber, sag' mir, das Schaffen nach Art Gottes auch Menschen zustehen? Keineswegs. Wie nun? Er macht uns lebendig als Gott, aber nicht bloß dadurch, daß er uns des Heiligen Geistes teilhaftig macht, sondern auch dadurch, daß er uns das angenommene Fleisch als Speise vorsetzt. Er sagte ja: „Wenn ihr nicht das Fleisch des Menschensohnes eßt und sein Blut trinkt, habt ihr das Leben nicht in euch."[1] Und als die Juden ihn einst verspotteten und das höhere Lob, ich weiß nicht wie, für den seligen Moses beanspruchen wollten und geradezu erklärten: „Unsere Väter haben das Manna in der Wüste gegessen, wie geschrieben steht: Brot vom Himmel gab er ihnen zu essen, was tust du für ein Zeichen, daß wir dir glauben? Was wirkst du?",[2] der du uns angeblich von oben und vom Himmel her den Leib heruntergebracht —, da sprach er: „Wahrlich, wahrlich, ich sage euch: nicht Moses hat euch das wahre Brot vom Himmel gegeben, denn das Brot Gottes ist der, der vom Himmel herabkommt und der Welt das Leben gibt."[3] Und wie mit dem Finger auf sich selbst, den Fleischgewordenen, hinweisend, fügte er noch hinzu: „Ich bin das lebendige Brot, der ich vom Himmel herabgekommen bin. Wenn jemand von diesem Brote ißt, wird er leben in Ewigkeit. Und das Brot, welches ich geben werde, ist mein Fleisch, welches ich geben werde für das Leben der Welt. Wer mein Fleisch ißt und mein Blut trinkt, bleibt in mir und ich in ihm. Wie mich der lebendige Vater gesandt hat und ich lebe um des Vaters willen, so wird der, welcher mich ißt, auch leben um meinetwillen."[4] — Und doch bleibt es jeden-

[1] Joh. 6, 54. [2] Ebd. 6, 30 f. [3] Ebd. 6, 32 f. [4] Ebd. 6, 51—58.

falls wahr, daß sein Fleisch nicht vom Himmel herabgestiegen, sondern aus der Jungfrau geboren ist, gemäß den Schriften. Daß aber nicht das Wort die Speise ist, sondern die durch die Menschwerdung erfolgte Verbindung der beiden Naturen zu einer Einheit, können wir aus sehr vielen Stellen ersehen. Zu Nikodemus, der das Geheimnis nicht verstand und törichterweise ausrief: Wie kann dies geschehen?, sprach er: „Wenn ich euch Irdisches sage und ihr nicht glaubt, wie werdet ihr glauben, wenn ich euch Himmlisches sage? Und niemand ist in den Himmel hinaufgestiegen außer dem Menschensohne, der vom Himmel hinabgestiegen."[1] Und zu den Juden, die an der gleichen Ungelehrigkeit krankten und ihn, ich weiß nicht wie, verlachen wollten, weil er gesagt hatte, sein Leib sei lebenspendend und vom Himmel her, sprach er: „Das ärgert euch? Wenn ihr nun den Menschensohn dorthin hinaufsteigen seht, wo er früher war?"[2] Wir aber werden vielmehr sagen, daß der Emmanuel vom Weibe geboren wurde. Wo ist er nun früher gewesen? Oder wie ist er dorthin hinaufgestiegen, wo er gewesen sein will, da doch der ihm geeinte Leib durch die heilige Jungfrau geboren wurde? Und werden wir nicht auch zugestehen, daß das irdische Fleisch nicht imstande ist, Leben zu spenden, soweit es auf seine eigene Natur ankommt? Wie nun, sag' mir, soll das Fleisch lebenspendend sein? Oder wie soll das, was von der Erde stammt, vom Himmel sein? Offenbar durch die Einigung mit dem lebendigen und vom Himmel gekommenen Worte. Das wird das einzig Richtige und mit den heiligen Schriften Übereinstimmende sein. Er ist ja nicht anders geworden und ist auch im Fleische als göttlicher Schöpfer tätig.

39. Als Gewährsmann für diese Lehre rufe ich wieder den himmlisch gesinnten und göttlichen Paulus an, der folgendermaßen geschrieben hat: „Dank sagend Gott und dem Vater, der uns tauglich gemacht, teilzunehmen

[1] Joh. 3, 12 f. [2] Ebd. 6, 62 f.

an dem Lose der Heiligen im Lichte, der uns aus der Gewalt der Finsternis errettet und uns versetzt hat in das Reich des Sohnes seiner Liebe, in welchem wir die Erlösung haben, die Vergebung der Sünden, welcher das Abbild des unsichtbaren Gottes ist, der Erstgeborene vor aller Schöpfung. Denn in ihm ist alles erschaffen worden, was im Himmel und was auf Erden ist, das Sichtbare und das Unsichtbare, seien es Throne oder Herrschaften, seien es Fürstentümer oder Gewalten, alles ist durch ihn und für ihn erschaffen worden, und er ist vor allem, und in ihm hat alles Bestand, und er ist das Haupt des Leibes der Kirche, er der Anfang, der Erstgeborene aus den Toten, auf daß er in allem den Vorrang habe. Denn es hat Gott gefallen, daß in ihm die ganze Fülle wohne und daß er durch ihn alles mit sich versöhne, Frieden stiftend durch das Blut seines Kreuzes, sowohl was auf Erden als auch was im Himmel ist."[1] — Sieh, er sagt wieder deutlich, daß alles durch ihn und für ihn erschaffen worden und daß er vor allem ist und in ihm alles Bestand hat, und daß er der Erstgeborene aus den Toten ist, der Frieden gestiftet durch das Blut seines Kreuzes und versöhnt hat, was im Himmel und was auf Erden ist. Wer ist nun der Erstgeborene aus den Toten wenn nicht Christus Jesus, das heißt das Wort im Fleische und mit dem Fleische? Jedenfalls ist ja das Wort, welches Gott war, nicht in seiner eigenen Natur gestorben, und ebensowenig kann ein Mensch wie wir der Schöpfer aller Dinge sein. Schöpfer ist er vielmehr als Gott, wenngleich er es nach der Einigung auch im Fleische ist; und Erstgeborener aus den Toten ist er als Mensch, wenngleich er der Menschwerdung wegen die Gottheit nicht abgelegt hat.

40. Auch anderswo siehst du die Geistesträger in demselben Gedankenkreise sich bewegen. Johannes sagt: „Im Anfang war das Wort, und das Wort war bei Gott, und Gott war das Wort. Dieses war im Anfang bei Gott.

[1] Kol. 1, 12—20.

Alles ist durch dasselbe geworden, und ohne dasselbe ist nichts geworden."[1] Paulus hinwieder sagt: „Es ist *ein* Gott Vater, aus dem alles, und *ein* Herr Jesus Christus, durch den alles ist."[2] Wenn jedoch nach der Einigung des Wortes mit dem Fleische eine Zweiteilung vorzunehmen und die Einheit des Sohnes gemäß der Ansicht gewisser Leute in zwei verschiedene Personen zu zerreißen wäre, wie könnte dann alles durch Jesus Christus erschaffen worden sein? Es ist aber alles durch ihn erschaffen worden. Demnach ist dem aus dem Vater stammenden Worte das, was ihm von Natur aus und als Eigenbesitz zukam, offenbar auch gewahrt geblieben, als es Mensch ward. Eine Trennung zu wagen, ist also sehr gefährlich. Denn es ist *ein* Herr Jesus Christus, und durch ihn hat der Vater alles erschaffen. Auch er ist mithin Schöpfer als Gott und lebenspendend als Leben, *ein* Mittleres, welches menschliche Eigentümlichkeiten mit den übermenschlichen vereinigt. Deshalb ist er ja „der Mittler zwischen Gott und den Menschen" nach den Schriften,[3] von Natur Gott, aber nicht ohne das Fleisch, und in Wahrheit Mensch, aber nicht bloßer Mensch wie wir, weil er bei der Fleischwerdung blieb, was er war. Denn es steht geschrieben: „Jesus Christus ist derselbe gestern und heute und in alle Ewigkeit."[4]

41. Wir bekennen und glauben also, daß der Emmanuel in den letzten Zeiten der Welt durch die heilige
* Jungfrau geboren worden ist. Und wie sollte das nicht wahr sein? Das „gestern und heute" aber, christusliebender Kaiser, bezeichnet die gegenwärtige und die schon vergangene Zeit. Er ist jedoch wirklich derselbe auch für die vergangene Zeit, da er noch nicht im Fleische geboren war. Denn das Wort war im Anfang; und weil aus dem ewigen und unwandelbaren Gott und Vater entsprungen, ist es auch selbst seiner Natur nach ewig und unwandelbar. Allerdings hat dieses Wort gleichzeitig mit der Menschwerdung einen ganz neuen Namen

[1] Joh. 1, 1—3. [2] 1 Kor. 8, 6. [3] 1 Tim. 2, 5. [4] Hebr. 13, 8.

erhalten, den Namen Christus Jesus. Davon ist ja schon sehr häufig die Rede gewesen. Nun beachte wohl, daß es heißt, Christus Jesus, und nicht etwa das Wort, sei derselbe gestern und heute und in Ewigkeit! Die Menschennatur kann aber nicht unwandelbar sein und in demselben Zustande beharren, da sie doch der Entwicklung unterliegt, vor allem der Versetzung aus dem Nichts ins Sein und Leben. Soll also die Heilige Schrift von der Wahrheit abgeirrt sein und denjenigen schon vorher da sein lassen, der gestern noch nicht da war? Das behaupte ich nicht. Daran fehlt noch viel. Christus Jesus ist derselbe gestern und heute und in Ewigkeit. Damit leugne ich die Vorzeitlichkeit und Unveränderlichkeit des Wortes durchaus nicht, auch wenn es Fleisch geworden; ich glaube vielmehr, daß es auch in der Einigung mit seinem Fleische sich wieder als denjenigen bekundet, der er gestern und der er vorher war. Der unsinnige Jude knirschte und wollte ihn steinigen, konnte sich aber zum Glauben nicht entschließen. Er vermochte es nicht zu fassen, daß der, der dem Aussehen nach ein Mensch wie wir war, das Vorrecht eines übermenschlichen Alters beanspruchte. Als Gott sprach er: „Wahrlich, wahrlich, ich sage euch, ehe Abraham auftrat, bin ich", als jene entgegnet hatten: „Du hast noch nicht fünfzig Jahre und du hast Abraham gesehen?"[1] Auch Johannes aber sagte: „Dieser ist es, von dem ich euch gesagt habe: nach mir kommt ein Mann, der vor mir aufgetreten ist, weil er früher war als ich."[2] Er kennt und benennt den Emmanuel als Mann; wie aber kann er sagen, derselbe sei vor ihm aufgetreten und früher gewesen als er, da er doch erst später geboren wurde und nach ihm kam? Vielleicht, fällt mir ein, wird jemand antworten, der Herrlichkeit nach sei er vorher aufgetreten und früher gewesen. Daß dies jedoch falsch und töricht sein würde, das zu beweisen, bedarf es keiner langen Rede. Denn wenn wir das „vor" von der höhern

[1] Joh. 8, 57 f. [2] Ebd. 1, 30.

Herrlichkeit verstehen, so werden wir unverkennbar folgerichtig das „nach" auf eine geringere Ehre deuten müssen. Wir wären also zu der Annahme gezwungen, Christus werde an Herrlichkeit durch Johannes übertroffen und stehe ihm nach. Er sagte ja: „Nach mir kommt ein Mann." O des Unverstandes! Vor einer solchen Meinung werden wir bewahrt durch das rechte Verständnis des Psalmenwortes: „Wer in den Wolken wird dem Herrn gleichkommen? Wer dem Herrn ähnlich sein unter den Söhnen Gottes?"[1] Man muß demnach auch dem Fleischgewordenen den Vorrang zuerkennen, weil er der Natur nach Gott ist, mit dem Fleische geeint und gewohnt, seinen Leib an den Gütern seiner Natur teilnehmen zu lassen.

42. Daß es sich wirklich so verhält und dies die Wahrheit ist, kannst du aber, wenn du willst, auch aus andern Zeugnissen ersehen. Durch einen der heiligen Propheten hat Gott einmal von dem dem Fleische nach aus dem Samen Davids stammenden Christus gesagt: „Und du, Bethlehem, Haus Ephrata, bist nicht die geringste unter den Tausenden Judas; aus dir wird der hervorgehen, der da Herrscher sein soll in Israel, dessen Ursprung von Anfang an ist seit den Tagen der Ewigkeit."[2] Der göttliche Paulus aber sagt von den Söhnen Israels: „Alle sind auf Moses getauft worden in der Wolke und im Meere und alle haben die geistige Speise gegessen und alle denselben geistigen Trank getrunken; sie tranken nämlich aus dem ihnen folgenden geistlichen Felsen, der Fels aber war Christus."[3] — Nun beachte, wie der dem Worte eigene Altersvorrang zufolge der Einigung der Menschwerdung Christus Jesus zugeschrieben wird! Oder sind die Worte nicht klar? Augenscheinlich wird doch von dem Bethlehemiten, einem Menschen und vom Weibe Geborenen, gesagt, daß er seinen Ursprung hat vom Anfang der Ewigkeit an. Denn im Anfang und vor aller Ewigkeit war das Wort, wel-

[1] Ps. 88, 7. [2] Mich. 5, 2. [3] 1 Kor. 10, 2—4.

ches Mensch geworden; und dieses Wort war der Fels, welcher das dürstende Israel mit den unverhofften und ungeahnten Wassern tränkte, obwohl das Wort dem Fleische und der Menschheit nach erst in den letzten Weltzeiten geboren und zu seiner Sendung in diese Welt von Gott dem Vater gesalbt worden ist. Deshalb und aus keinem andern Grunde ist es Christus genannt worden. Christus aber war laut Paulus der Fels. Es kämpft und streitet aber für diese Lehre auch der weise Johannes, der die Naturen gewissermaßen zusammenfaßt und die einer jeden Natur innewohnenden Eigentümlichkeiten zu einer Einheit verbindet. Schau, was er sagt: „Was von Anfang an war, was wir gehört, was wir gesehen haben mit eigenen Augen, was wir geschaut und unsere Hände berührt haben, von dem Worte des Lebens (verkünden wir euch), und das Leben ist geoffenbart worden, und wir haben es gesehen und bezeugen und verkünden euch das ewige Leben, welches beim Vater war und uns geoffenbart worden ist."[1] Sieh, von dem, der im Anfang war, sagt er ausdrücklich, er sei sichtbar geworden und habe sich sogar berühren lassen. Thomas rief ja aus: „Mein Herr und mein Gott!", nachdem er mit dem Finger seine Seite und die Wundmale der Nägel befühlt hatte.[2] Auch der göttliche Lukas sagt, die heiligen Apostel seien Augenzeugen und Diener des Wortes geworden.[3] Der Unkörperliche ist eben in Erscheinung getreten, und der Ungreifbare ist greifbar geworden, weil er das irdische Fleisch nicht als fremdes Gewand getragen, sondern zu seinem Tempel gemacht und in ihm und mit ihm sich als Gott und Herrn zu erkennen gegeben hat. Auch der göttliche Paulus hat, wie du weißt, irgendwo geschrieben: „Denn keiner von uns lebt für sich und keiner stirbt für sich. Denn wenn wir leben, so leben wir für den Herrn, und wenn wir sterben, so sterben wir für den Herrn. Mögen wir also leben oder mögen wir sterben, wir gehören dem Herrn an. Denn dazu ist

[1] 1 Joh. 1, 1 f. [2] Joh. 20, 28. [3] Luk. 1, 2.

Christus gestorben und lebendig geworden, daß er über die Toten und über die Lebenden herrsche."[1]

43. Es steht demnach unzweifelhaft fest, daß er die Herrschaft erlangt hat über die Toten und über die Lebenden, weil er eben dazu und zu keinerlei anderm Zwecke gestorben und auferweckt worden ist. Wer war es nun, der sich dem Tode unterzog und wieder auflebte? Offenbar der Sohn. Das wird, glaube ich, ein jeder, wer immer es sei, zugestehen. Was werden wir nun sagen? Ist das Gott dem Vater entstammte Wort sterblich und der Vergänglichkeit unterworfen oder ist es als Leben über Tod und Vergänglichkeit erhaben? Aber allen leuchtet doch ein, daß er als Leben Macht hat über den Tod. Wie ist er dann unter die Toten gekommen, wenngleich als „ein Freier", nach den Schriften?[2] Das Wort an sich kann ja nicht sterben. Wir behaupten daher, daß sein Fleisch gestorben ist und deshalb gesagt wird, er selbst habe den Tod erlitten. Nicht ohne das Fleisch also, sondern in demselben und mit demselben hat er die Herrlichkeit der Herrschaft erlangt. Dem Gesetze des Fleisches und unserer Natur gemäß ist er gestorben und auferweckt worden, indem er durch das Erleiden des Todes seine Menschennatur und durch das Wiederaufleben seine göttliche Macht bekundete. Durch beides zusammen sollte dargetan werden, daß er einerseits Mensch wie wir und anderseits als Gott über uns erhaben ist, und so sollte er sich als den Herrn aller erweisen, er, der vor Annahme des Fleisches mit seinem Vater herrschte. Als solchen erkannte Nathanael ihn und sprach: „Rabbi, du bist der Sohn Gottes, du bist der König Israels."[3] Er selbst aber sagte zu seinen Jüngern: „Ihr nennt mich Meister und Herr, und ihr sagt es mit Recht, denn ich bin es."[4] Und sein Wort durch die Tat bekräftigend, läßt er Sünden nach und verleiht Gewalt gegen unreine Geister, um sie auszutreiben und jede Krankheit und jede Schwäche unter

[1] Röm. 14, 7—9. [2] Ps. 87, 6. [3] Joh. 1, 49. [4] Ebd. 13, 13.

dem Volke zu heilen. „Im Namen Jesu Christi des Nazareners" ist der geheilt worden, der an den Füßen gelähmt war und an der Schönen Pforte saß.[1] Abgeschüttelt hat die so langwierige und gänzlich unheilbare Doppelkrankheit jener Äneas, zu welchem der göttliche Petrus sprach: „Äneas, Jesus Christus heilt dich."[2]

44. Von allen Seiten also zur Wahrheit hingedrängt, eifrigst bestrebt, der Lehre der Heiligen Schriften gerecht zu werden, und den Aussprüchen der Väter folgend, glauben wir, daß der, der dem Fleische nach aus der Wurzel Jesse, aus dem Samen Davids, aus dem Weibe geboren worden, in Wahrheit der Sohn Gottes ist, als Mensch mit uns unter dem Gesetze und als Gott über uns und über dem Gesetze stehend, unsertwegen und mit uns unter den Toten weilend, über uns seinetwegen Lebensspender und Leben. Wir berauben die Menschennatur nicht der Gottheit und entkleiden nach der unaussprechlichen und unbegreiflichen Einigung das Wort nicht der Menschheit. Wir bekennen vielmehr e i n e n und denselben Sohn, der aus zwei Wesenheiten in unfaßbarer Weise zu einer aus beiden bestehenden Einheit geworden ist, durch die denkbar höchste Einigung nämlich und nicht durch eine Umwandlung der Natur.

45. Welch hoher Gewinn denen winkt, die so glauben, erklärt der Jünger Christi mit den Worten: „Wer da bekennt, daß Jesus der Sohn Gottes ist, in dem bleibt Gott und er in Gott."[3] Daß aber Jesus Christus, der dem Fleische nach aus David ist, der Natur nach und in Wahrheit der Sohn Gottes ist, gemäß dem Worte: „Das Wort ist Fleisch geworden und hat unter uns gewohnt",[4] das bestätigt der weise Johannes, indem er schreibt: „Und wir wissen, daß der Sohn Gottes gekommen ist und uns das Verständnis gegeben hat, daß wir den wah-

[1] Apg. 3, 6. [2] Ebd. 9, 34. [3] 1 Joh. 4, 15. [4] Joh. 1, 14.

ren Gott erkennen. Und wir sind in dem wahren (Gott) in seinem Sohne Jesus Christus. Dieser ist der wahre Gott und ewiges Leben."[1] Und durch ihn und mit ihm sei Gott dem Vater die Ehre, mitsamt dem Heiligen Geiste, in alle Ewigkeiten! Amen.

[1] 1 Joh. 5, 20.

2. Drei ökumenische Briefe

1. Der zweite Brief an Nestorius

Drei Briefe Cyrills, aus den Jahren 430—433, haben dadurch eine besondere Bedeutung erlangt, daß sie von ökumenischen Konzilien als zuverlässige Darstellungen der katholischen Glaubenslehre anerkannt und bestätigt wurden. Man hat sie deshalb „Ökumenische Briefe" geheißen.

Dem zweiten Briefe an Nestorius, aus dem Januar oder Februar 430, haben das Konzil zu Ephesus 431, das Konzil zu Chalzedon 451 und noch einmal das Konzil zu Konstantinopel 553 ihre rückhaltlose Anerkennung ausgesprochen. Zu Ephesus, am 22. Juni 431, hatte Cyrillus im Anschluß an die Verlesung des vollständigen Textes die Frage gestellt, ob dieser Brief nicht in Einklang stehe mit dem Nizänischen Glaubensbekenntnisse, worauf alle anwesenden Bischöfe in durchaus bejahendem Sinne antworteten, 125 Bischöfe mit noch erhaltenen kurzen Worten zur Begründung ihres Votums.[1] In der Gesamtausgabe der Werke Cyrills wird der Brief als Ep. 4 gezählt, Migne 77, 43—50; neue Sonderausgaben desselben bei Pusey, S. Cyrilli Epistolae tres oecumenicae usw., Oxonii 1875, 2—11 (hier ist dem griechischen Texte die lateinische Übersetzung von Marius Mercator, gest. etwa 431, zur Seite gestellt); bei Schwartz a. a. O. I 1, pars 1, 25—28.

*

Seinem frömmsten und gottgeliebtesten Amtsbruder Nestorius sagt Cyrillus Gruß im Herrn.

Wie ich höre, bemäkeln gewisse Leute meinen Ruf bei Deiner Gottesfurcht, und zwar sehr häufig, indem sie namentlich die Zusammenkünfte der Spitzen der Ge-

[1] Siehe Schwartz, Acta Conciliorum oecum. tom. 1, vol. 1, Berolini 1927, pars 2, 13—31.

sellschaft als günstige Gelegenheit abpassen und vielleicht auch Deinen Ohren schmeicheln zu können glauben. Sie führen böse Reden über mich, obgleich ich ihnen keinerlei Unrecht zugefügt, wohl aber, und zwar in milder Weise, einen Verweis erteilt habe, dem einen, weil er Blinde und Arme schädigte, dem andern, weil er gegen seine Mutter das Schwert gezogen, dem dritten, weil er zusammen mit einer Magd fremdes Gold gestohlen und immer in einem Rufe gestanden hat, wie man ihn auch seinen schlimmsten Feinden nicht wünschen möchte. Doch will ich über solche Leute nicht weiter reden, damit es nicht den Anschein habe, als ob meine Wenigkeit sich über den Herrn und Meister oder auch über die Väter erheben wollte. Es wird ja kaum jemand, mag er sein Leben gestalten, wie er will, den bösen Zungen schlechter Menschen entgehen können. Aber diejenigen, deren „Mund voll ist von Fluch und Bitterkeit“,[1] werden einst dem Richter aller Rechenschaft zu geben haben.

Ich wende mich wieder dem zu, was mir besonders am Herzen liegt, und bitte Dich auch heute als meinen Bruder in Christus, Du mögest bei Deinen Predigten vor dem Volke mit aller Sorgfalt auf den Gehalt der Lehre und den Sinn des Glaubens acht haben und wohl bedenken, daß der, der auch nur einen einzigen von denen, die an Christus glauben, ärgert, einem unerträglichen Zorne verfällt.[2] Wenn aber deren, die beleidigt werden, so viele sind, wie sollten wir nicht mit größter Vorsicht dafür Sorge tragen, Ärgernisse klug zu verhüten und denen, die nach Wahrheit verlangen, die gesunde Lehre des Glaubens darzureichen? Auch dies aber wird von großem Nutzen für uns sein, wenn wir die Schriften der heiligen Väter zur Hand nehmen und ihre Worte möglichst hoch schätzen und „uns selbst prüfen, ob wir im Glauben sind“, wie geschrieben steht,[3] indem wir unsere Ansichten mit

[1] Röm. 3, 14. [2] Vgl. Matth. 18, 6. [3] 2 Kor. 13, 5.

den richtigen und untadeligen Lehren der Väter in Einklang bringen.

Nun hat das heilige und große Konzil[1] erklärt, daß der aus Gott und dem Vater der Natur nach gezeugte eingeborene Sohn, wahrer Gott vom wahren Gott, Licht vom Lichte, der, durch den der Vater alles gemacht hat, in eigener Person herabgestiegen, Fleisch und Mensch geworden ist, gelitten hat, am dritten Tage wieder auferstanden und zu den Himmeln aufgefahren ist.

Diesen Worten und Lehrsätzen müssen auch wir folgen, wohl bedenkend, was es heißt, daß das Gott entstammte Wort Fleisch und Mensch geworden ist. Wir behaupten nämlich nicht, daß die Natur des Wortes in Fleisch umgewandelt, auch nicht, daß sie zu einem ganzen, aus Seele und Leib bestehenden Menschen umgeändert worden sei. Wir behaupten vielmehr, daß das Wort mit einer vernünftigen Seele beseeltes Fleisch der Person nach in unaussprechlicher und unbegreiflicher Weise sich selbst geeint hat und so Mensch geworden ist und Menschensohn geheißen hat, nicht bloß dem Willen oder dem Wohlgefallen nach, auch nicht bloß durch Annahme einer Person, sondern deshalb, weil aus den beiden verschiedenen, zu wahrer Einheit verbundenen Naturen e i n Christus und Sohn geworden ist. Nicht wie wenn die Verschiedenheit der Naturen um der Einigung willen aufgehoben worden wäre, sondern so, daß Gottheit und Menschheit zusammen uns den e i n e n Herrn und Christus und Sohn erbaut haben, vermöge der unaussprechlichen und geheimnisvollen Verbindung zu einer Einheit.

In diesem Sinne heißt es, daß er, wiewohl er vor Ewigkeiten aus dem Vater sein Dasein empfing und gezeugt wurde, dem Fleische nach auch aus dem Weibe geboren worden ist. Nicht als ob seine göttliche Natur in der heiligen Jungfrau ihren Ursprung genommen hätte, und nicht als ob eine zweite Geburt nach der Geburt aus

[1] Nämlich das Konzil zu Nizäa vom Jahre 325.

dem Vater ihrer selbst wegen notwendig gewesen wäre. Denn es ist gottlos und unsinnig zugleich, zu sagen, daß der, der vor aller Ewigkeit ist und gleichewig mit dem Vater ist, einer zweiten Geburt bedurft hätte, um zum Dasein zu gelangen. Aber um unsertwillen und um unseres Heiles willen hat das Wort die menschliche Natur der Person nach sich selbst geeint und ist aus dem Weibe hervorgegangen; und darum heißt es, daß er fleischlich geboren worden ist. Denn es ist nicht zuerst ein gewöhnlicher Mensch aus der heiligen Jungfrau geboren worden und auf diesen dann das Wort herabgestiegen, sondern aus dem Mutterschoße selbst ist er geeint hervorgegangen; und deshalb heißt es, daß er sich der fleischlichen Geburt unterzogen hat, weil er die Geburt seines Fleisches zu seiner eigenen Geburt macht.

So, behaupten wir, hat er auch gelitten und ist er auferstanden. Nicht wie wenn Gott das Wort in seiner eigenen Natur gelitten oder die Schläge, die Durchbohrung mit den Nägeln und die sonstigen Wunden empfunden hätte. Denn die göttliche Natur ist leidenslos, weil ja auch körperlos. Da aber der ihm zu eigen gewordene Leib dies gelitten hat, so heißt es wiederum, daß er selbst es für uns gelitten hat. Denn in dem leidenden Leibe war der Leidensunfähige. In gleicher Weise denken wir auch über sein Sterben. Denn das Wort Gottes ist seiner Natur nach unsterblich und unvergänglich und Leben und Lebensspender. Weil aber wiederum sein eigener Leib „durch die Gnade Gottes", wie Paulus sagt, „für einen jeden den Tod gekostet hat",[1] so heißt es, daß er selbst für uns den Tod erlitten hat. Nicht als ob er, soweit es auf seine Natur ankommt, dem Tode erlegen wäre — denn dies zu sagen oder zu denken, wäre Wahnsinn —, sondern weil, wie ich soeben sagte, sein Fleisch den Tod gekostet hat. So wird auch, da sein Fleisch auferweckt worden, wiederum von seiner Auferstehung gesprochen, nicht wie wenn er selbst dem

[1] Hebr. 2, 9.

Untergange anheimgefallen wäre — das sei fern —, sondern wiederum weil sein Leib auferweckt worden.

In dieser Weise bekennen wir e i n e n Christus und Herrn, indem wir nicht etwa einen Menschen mit dem Worte zusammen anbeten, damit nicht durch das „zusammen" die Vorstellung einer Scheidung eingeführt werde, sondern einen und denselben Christus anbeten, weil sein Leib dem Worte nicht fremd ist. Mit diesem Leibe thront er ja auch zur Rechten des Vaters, weil wiederum nicht zwei Söhne an der Seite des Vaters sitzen, sondern e i n Sohn gemäß der Einigung mit dem Fleische. Wollten wir aber die Einigung der Person nach, sei es als unmöglich, sei es als unangebracht ablehnen, so wären wir gezwungen, zwei Söhne anzunehmen, weil es ganz unvermeidlich sein würde, zu scheiden zwischen einem Menschen für sich, der nur durch den Namen des Sohnes geehrt worden, und dem Gott entstammten Worte für sich, welches von Natur aus den Namen und die Sache der Sohnschaft besitzt.

Es darf demnach der e i n e Herr Jesus Christus nicht in zwei Söhne zerteilt werden, und es kann der rechten Glaubenslehre in keiner Weise dienlich sein, dies zu tun, mögen auch einige Leute sich für eine Einigung von Personen aussprechen. Denn die Schrift hat nicht gesagt, daß das Wort sich die Person eines Menschen geeint habe, sondern daß es selbst Fleisch geworden ist.[1] Das aber bedeutet nichts anderes, als daß es in gleicher Weise wie wir an Blut und Fleisch teilgenommen[2] und unsern Leib sich zu eigen gemacht hat und als Mensch aus dem Weibe hervorgegangen ist, ohne aufzuhören, Gott zu sein und aus Gott dem Vater gezeugt zu sein, sondern auch in der Annahme des Fleisches bleibend, was es war.

Das ist es, was allenthalben als die Lehre des wahren Glaubens gilt. So, finden wir, haben die heiligen Väter gedacht; so haben sie unbedenklich die heilige Jungfrau

[1] Joh. 1, 14. [2] Hebr. 2, 14.

Gottesgebärerin genannt, nicht wie wenn die Natur des Wortes oder seine Gottheit aus der heiligen Jungfrau ihren Ursprung genommen hätte, sondern weil aus ihr der heilige Leib geboren worden ist, der vernünftig beseelt und dem das Wort der Person nach geeint war; deshalb heißt es, daß er selbst dem Fleische nach geboren worden.

Indem ich dies auch heute wieder aus der Liebe in Christus schreibe, bitte ich Dich als meinen Bruder und beschwöre Dich im Angesichte Christi und seiner auserwählten Engel, mit uns so zu denken und zu lehren, damit der Friede der Kirche gewahrt werde und den Priestern der Kirche das Band der Eintracht und Liebe unzerrissen erhalten bleibe! Grüße die Brüderschaft bei Dir! Die Brüderschaft bei uns empfiehlt sich Dir in Christus.

II. Der dritte Brief an Nestorius

Gleichzeitig mit dem vorstehenden zweiten ist auch der dritte Brief an Nestorius oder das Alexandrinische Synodalschreiben, etwa aus dem November 430, zu Ephesus 431, zu Chalzedon 451 und wiederum zu Konstantinopel 553 von den Konzilsvätern als getreuer Ausdruck ihrer eigenen Glaubensüberzeugung begrüßt und gutgeheißen worden. In der Gesamtausgabe als Ep. 17 bezeichnet (Migne 77, 105—122), ward dieser Brief von neuem herausgegeben durch Pusey a. a. O. 12—39 (hier ist dem griechischen Texte die lateinische Übersetzung des Marius Mercator beigefügt), sowie durch Schwartz a. a. O. I 1, pars 1, 33—42.

*

Ihrem frömmsten und gottgeliebtesten Amtsbruder Nestorius sagen Cyrillus und die aus der ägyptischen Provinz zu Alexandrien zusammengetretene Synode Gruß im Herrn.

Wenn unser Heiland mit Nachdruck erklärt: „Wer Vater oder Mutter mehr liebt als mich, ist meiner nicht wert; und wer Sohn oder Tochter mehr liebt als mich, ist meiner nicht wert",[1] wie soll es uns ergehen, falls wir, wie Deine Frömmigkeit verlangt, Dich mehr lieben als Christus, den Heiland unser aller? Wer wird uns am Tage des Gerichtes helfen können? Oder wie werden wir es rechtfertigen wollen, daß wir zu den Lästerungen, die Du gegen ihn ausgestoßen hast, uns so lange schweigend verhalten haben? Würdest Du durch solches Denken und Lehren nur Dir allein schaden, so würde unser Kummer noch geringer sein; da Du aber der ganzen Kirche Ärgernis gegeben und den Völkern den Sauerteig einer neuen und fremdartigen Häresie eingeflößt hast, nicht nur den dortigen Christen, sondern den Christen aller Orte — denn Deine Schriften über diese Dinge sind überall verbreitet worden —, wie sollte unser Schweigen noch zu entschuldigen sein? Oder wie sollten wir nicht gezwungen sein, des Wortes Christi zu gedenken: „Glaubet nicht, daß ich gekommen sei, Frieden auf die Erde zu bringen; ich bin nicht gekommen, Frieden zu bringen, sondern das Schwert; denn ich bin gekommen, den Menschen zu entzweien mit seinem Vater und die Tochter mit ihrer Mutter."[2] Denn wo der Glaube Schaden leidet, soll die Ehrfurcht vor den Eltern als unangebracht und gefährlich weichen, auch das Gesetz der Liebe zu Kindern und Geschwistern zurücktreten und schließlich für die Frommen der Tod den Vorzug verdienen vor dem Leben, „damit sie einer besseren Auferstehung teilhaftig werden", wie geschrieben steht.[3]

Siehe nun, im Verein mit der heiligen Synode, welche in dem großen Rom versammelt war, unter dem Vorsitz unseres frömmsten und gottesfürchtigsten Bruders und Kollegen, des Bischofs Cälestinus, beschwören wir Dich mit diesem Schreiben zum dritten Male und raten Dir, von den so schlechten und verkehrten Ansichten, die Du hegst und vorträgst, Dich loszusagen und an ihrer Statt den rechten Glauben anzunehmen, der von Anfang an den Kirchen überliefert worden ist durch die heiligen

[1] Matth. 10, 37. [2] Ebd. 10, 34 f. [3] Hebr. 11, 35.

Apostel und Evangelisten, „die auch Augenzeugen und Diener des Wortes geworden sind".[1] Sollte aber Deine Frömmigkeit dies nicht tun, innerhalb der in dem Schreiben des genannten frömmsten und gottesfürchtigsten Bischofs und Amtsbruders zu Rom, Cälestinus, festgesetzten Frist, so wisse, daß Du keinen Teil mit uns hast und unter den Priestern Gottes und Bischöfen weder Sitz noch Stimme hast. Denn wir können unmöglich zulassen, daß die Kirchen so in Verwirrung gebracht und den Völkern Ärgernis gegeben und der rechte Glaube abgeschafft und jene Herden von Dir zerstreut werden, die Du hättest retten sollen, wenn Du wie wir ein Liebhaber des rechten Glaubens gewesen wärest, Dich anschließend an die Gottesfurcht der heiligen Väter. Und mit allen, die um des Glaubens willen von Deiner Frömmigkeit ausgeschlossen oder abgesetzt worden sind, Laien wie Klerikern, halten wir Gemeinschaft. Denn es wäre nicht recht, wenn sie, die an dem wahren Glauben festgehalten haben, unter Deinem Urteil zu leiden hätten, weil sie Dir mit vollem Rechte entgegengetreten sind. Du hast ja selbst davon gesprochen in Deinem Briefe an den heiligsten Bischof des großen Rom, unsern Amtsbruder Cälestinus.

Es kann jedoch nicht genügen, daß Deine Frömmigkeit nur dem Glaubensbekenntnisse zustimmt, welches seinerzeit im Heiligen Geiste von dem heiligen und großen Konzil aufgestellt wurde, das zu Nizäa versammelt gewesen ist. Denn dieses Bekenntnis hast Du nicht richtig, sondern falsch verstanden und ausgelegt, wenn Du auch äußerlich den Wortlaut anerkanntest. Du mußt deshalb vielmehr schriftlich und eidlich bekennen, daß Du Deine verruchten und gottlosen Lehren anathematisierst und so denken und lehren willst wie wir alle, die wir im Abend- und im Morgenlande Bischöfe und Lehrer und Führer des Volkes sind. Denn die heilige Synode zu Rom sowohl wie wir alle sind

[1] Luk. 1, 2.

darin übereingekommen, daß die von der alexandrinischen Kirche an Deine Frömmigkeit gerichteten Briefe untadelig den rechten Glauben wiedergeben. Wir haben aber diesem unserm Schreiben beigefügt, wie Du denken und lehren sollst und wovon Du Dich lossagen mußt.

Das nämlich ist der Glaube der katholischen und apostolischen Kirche, in den wir orthodoxen Bischöfe des Abend- und des Morgenlandes insgesamt einstimmen:[1] „Wir glauben an e i n e n Gott, den allmächtigen Vater, Schöpfer aller sichtbaren und unsichtbaren Dinge, und an e i n e n Herrn Jesus Christus, den Sohn Gottes, als Eingeborener gezeugt aus dem Vater, das heißt aus dem Wesen des Vaters, Gott von Gott, Licht vom Lichte, wahrer Gott vom wahren Gott, gezeugt, nicht gemacht, wesenseins mit dem Vater, durch den alles geworden ist, was im Himmel und was auf Erden ist, der um uns Menschen und um unseres Heiles willen herabgestiegen und Fleisch und Mensch geworden ist, gelitten hat und am dritten Tage auferstanden ist, aufgefahren zu den Himmeln und kommend zu richten die Lebenden und die Toten, und an den Heiligen Geist. Diejenigen aber, die da sagen, es habe eine Zeit gegeben, da der Sohn Gottes nicht war, und er sei nicht gewesen, bevor er gezeugt wurde, und er sei aus Nichts geworden oder aus einer andern Substanz oder Wesenheit, oder er sei wandelbar oder veränderlich, diese anathematisiert die katholische und apostolische Kirche."

Allenthalben nun den auf Eingebung des Heiligen Geistes zurückgehenden Bekenntnissen der heiligen Väter folgend und ihren Gedankengängen uns anschließend und so gleichsam auf königlichem Pfade wandelnd, behaupten wir, daß eben das eingeborene Wort Gottes, der aus dem Wesen des Vaters selbst gezeugte Sohn, wahrer Gott vom wahren Gott, Licht vom Lichte, der, durch den alles geworden ist, was im Himmel und was auf Erden

[1] Folgt das Nizänische Glaubensbekenntnis.

ist, um unseres Heiles wegen herabgestiegen ist, sich selbst entäußert hat, Fleisch und Mensch geworden ist, das heißt aus der heiligen Jungfrau Fleisch angenommen und aus dem Mutterschoße sich zu eigen gemacht hat, und so wie wir geboren worden und als Mensch aus dem Weibe hervorgegangen ist. Er hat aber nicht aufgehört zu sein, was er war, sondern ist auch bei der Annahme von Fleisch und Blut geblieben, was er war, nämlich von Natur aus und in Wahrheit Gott. Auch ist, behaupten wir, nicht das Fleisch in die Natur der Gottheit verwandelt noch auch die unaussprechliche Natur Gottes des Wortes in die Natur des Fleisches umgeändert worden; denn er ist unwandelbar und unveränderlich und bleibt immer durchaus derselbe nach den Schriften. Aussehend wie ein kleines Kind und in Windeln gewickelt und noch am Busen der jungfräulichen Gebärerin ruhend, erfüllte er zu gleicher Zeit als Gott die ganze Schöpfung und war der Throngenosse seines Erzeugers; denn die göttliche Natur kennt keine Ausdehnung und kein Größenmaß und läßt keinerlei Umgrenzung zu.

Indem wir nun aber bekennen, daß das Wort der Person nach dem Fleische geeint ist, beten wir e i n e n Sohn und Herrn Jesus Christus an, indem wir nicht einen Menschen und Gott nebeneinander stellen und voneinander scheiden, wie wenn sie nur durch Einheit der Würde und Hoheit miteinander verbunden wären — denn das ist leeres Gerede und nichts weiter —, auch nicht das Gott entstammte Wort für sich als Christus und in gleicher Weise den aus dem Weibe Geborenen für sich als einen andern Christus bezeichnen. Wir wissen vielmehr, daß es nur einen einzigen Christus gibt, das aus Gott und dem Vater entstammte Wort mitsamt seinem Fleische. Damals ist er ja auch nach Menschenart im Verein mit uns gesalbt worden, obwohl er selbst den Geist denen gibt, die würdig sind, ihn zu empfangen, und zwar „nicht nach Maß", wie der selige Evangelist Johannes sagt.[1] Wir behaupten auch nicht, daß das Gott enstammte Wort in dem aus der heiligen Jungfrau Geborenen wie in einem gewöhnlichen Menschen gewohnt habe, weil wir Christus nicht als einen gottgetragenen Menschen darstellen wollen. Denn wenngleich das Wort „unter uns gewohnt hat",[2] so wird doch auch gesagt, daß in Christus „die ganze Fülle der Gottheit leibhaftig wohnt".[3] Wenn er also Wohnung nahm, da er Fleisch wurde, so verstehen wir das Wohnen nicht in dem Sinne, in welchem es heißt, daß Gott in den Heiligen wohnt, sondern, der Natur nach mit dem Fleische geeint, aber nicht in Fleisch verwandelt, wohnte er in dem Fleische so, wie man sagen kann, daß auch die Seele des Menschen in ihrem eigenen Leibe wohnt.

Es ist also e i n Christus und Sohn und Herr, nicht als ob ein Mensch nur zur Einheit der Würde oder Hoheit mit Gott verbunden wäre. Denn die Gleichheit der Ehren eint noch nicht die Naturen. Sind doch auch Petrus und Johannes einander gleich an Ehren, insofern beide Apostel und heilige Jünger sind, aber sie sind zwei und nicht einer. Auch nicht im Sinne einer Nebeneinanderstellung können wir die Verbindung gelten lassen, denn das genügt gleichfalls nicht zur Einigung der Naturen, und auch nicht im Sinne eines engen Anschlusses, wie auch wir dem Herrn anhangen und dadurch nach dem Schriftworte „e i n Geist" mit ihm sind.[4] Wir lehnen vielmehr das Wort „Verbindung" (συνάφεια) ab, weil es die Einigung (τὴν ἕνωσιν) nicht genugsam zum Ausdruck bringt.

Wir nennen auch das Gott dem Vater entstammte Wort nicht Gott oder Herrscher Christi, um nicht wiederum offenkundig den e i n e n Christus und Sohn und Herrn in Zwei zu zerteilen und der Anklage der Lästerung zu verfallen, indem wir ihn zum Gott und Herrscher seiner selbst machen. Denn das, wie wir vorhin schon sagten, der Person nach dem Fleische geeinte

[1] Joh. 3, 34. [2] Ebd. 1, 14. [3] Kol. 2, 9. [4] 1 Kor. 6, 17.

Wort ist Gott des Weltalls und herrscht über einen jeden; es ist aber weder Knecht seiner selbst noch Herrscher seiner selbst. Es wäre ja einfältig und überdies auch gottlos, so zu denken oder zu sprechen. Zwar hat er den Vater seinen Gott genannt,[1] obwohl er selbst von Natur aus Gott und aus dem Wesen des Vaters entsprungen ist. Allein wir wissen, daß er, wenngleich Gott, doch auch ein der Hoheit Gottes unterstehender Mensch geworden ist, gemäß dem der Natur der Menschheit entsprechenden Gesetze. Wie aber könnte er sein eigener Gott oder Herrscher sein? Er hat also als Mensch gesprochen; und wie es dem Stande der Entäußerung angemessen war, hat er sich im Verein mit uns unter Gott gestellt. So ist er auch „unter dem Gesetze geworden",[2] wiewohl er als Gott das Gesetz erlassen hat und selbst Gesetzgeber ist.

Wir verurteilen es aber, von Christus zu sagen: „Um des Trägers willen verehre ich den Getragenen, um des Unsichtbaren willen bete ich den Sichtbaren an"; gleichwie es auch verabscheuungswürdig ist, zu sagen: „Der Angenommene heißt zusammen mit dem Annehmenden Gott".[3] Denn wer so spricht, nimmt wieder eine Scheidung in zwei Christus vor, indem er den Menschen für sich allein und ebenso Gott für sich allein hinstellt. Er leugnet ja offenbar die Einigung, gemäß welcher nicht ein anderer mit einem andern zusammen angebetet oder zusammen Gott geheißen wird; Christus Jesus ist vielmehr Einer, der eingeborene Sohn, und mitsamt seinem Fleische wird er durch e i n e Anbetung geehrt.

Wir bekennen aber, daß eben der aus Gott dem Vater gezeugte eingeborene Sohn und Gott, wiewohl der eigenen Natur nach leidensunfähig, im Fleische für uns gelitten hat nach den Schriften. Leidenslos hat er in dem gekreuzigten Leibe die Leiden seines Fleisches sich zu

[1] Joh. 20, 17. [2] Gal. 4, 4.

[3] Diese beiden Zitate sind einer Predigt des Nestorius entnommen; siehe Fr. Loofs, Nestoriana, Halle a. S. 1905, 262.

eigen gemacht und „durch die Gnade Gottes für einen jeden den Tod gekostet",[1] indem er ihm seinen Leib dahingab, obwohl er der Natur nach Leben und selbst die Auferstehung ist. Weil er nämlich in unaussprechlicher Macht den Tod mit Füßen trat, um zuerst im eigenen Fleische „der Erstgeborene aus den Toten"[2] und „der Erstling der Entschlafenen"[3] zu werden und sodann der Natur des Menschen den Aufstieg zur Unvergänglichkeit zu bahnen, hat er, wie wir soeben sagten, „durch die Gnade Gottes für einen jeden den Tod gekostet". Am dritten Tage aber ist er wieder aufgelebt, nachdem er die Unterwelt geplündert hatte. Wenn es also heißt, daß „die Auferstehung der Toten durch einen Menschen erfolgt ist,[4] so verstehen wir unter dem Menschen das aus Gott entsprungene Wort und glauben, daß dieses die Gewalt des Todes gebrochen hat. Er wird aber seiner Zeit kommen als der e i n e Sohn und Herr in der Herrlichkeit des Vaters, „um den Erdkreis zu richten mit Gerechtigkeit", wie geschrieben steht.[5]

Wir können jedoch nicht umhin, auch folgendes beizufügen. Wenn wir den Tod des eingeborenen Sohnes Gottes, das heißt Jesu Christi, dem Fleische nach verkünden und das Wiederaufleben von den Toten und die Aufnahme in die Himmel bekennen, so bringen wir in den Kirchen das unblutige Opfer dar, und dann treten wir zu den geheimnisvollen Opfergaben hinzu und werden geheiligt, indem wir teilhaft werden des heiligen Fleisches und des kostbaren Blutes Christi, des Heilandes unser aller. Dieses Fleisch nun nehmen wir nicht als gewöhnliches Fleisch entgegen — das sei fern —, auch nicht als das Fleisch eines geheiligten und mit dem Worte durch Einheit der Würde verbundenen oder auch der Einwohnung Gottes gewürdigten Mannes, sondern als das wahrhaft lebenspendende und eigene Fleisch des Wortes. Denn weil das Wort als Gott seiner Natur nach

[1] Hebr. 2, 9. [2] Kol. 1, 18. [3] 1 Kor. 15, 20. [4] Ebd. 15, 21.
[5] Apg. 17, 31.

Leben ist, so hat es, da es sich seinem Fleische einte, auch diesem Fleische lebenspendende Kraft verliehen. Wenngleich er daher auch zu uns spricht: „Wahrlich, wahrlich, wenn ihr nicht das Fleisch des Menschensohnes eßt und sein Blut trinkt",[1] so betrachten wir dieses Fleisch doch nicht als das Fleisch eines Menschen, wie wir es sind — denn wie sollte das Fleisch eines Menschen seiner eigenen Natur nach lebenspendend sein? —, sondern als das wahrhaft dem zu eigen gewordene Fleisch, der um unsertwillen Menschensohn geworden ist und geheißen hat.

Die Worte unseres Heilandes aber, welche in den Evangelien mitgeteilt werden, verteilen wir nicht an zwei Hypostasen oder Personen; denn der eine und einzige Christus ist nicht zwiespältig, wiewohl er aus zwei, und zwar verschiedenen Wesenheiten besteht, die aber zu einer unteilbaren Einheit verbunden sind, wie etwa auch der Mensch aus Seele und Leib besteht, aber doch nicht zwiespältig, sondern Einer aus den beiden Teilen ist. Vielmehr lassen wir, dem rechten Glauben gemäß, die menschlichen sowohl als auch die göttlichen Worte von Einem gesprochen sein. Denn wenn er als Gott von sich selbst sagt: „Wer mich gesehen, hat den Vater gesehen",[2] und „Ich und der Vater sind Eins",[3] so verstehen wir dies von der göttlichen und unaussprechlichen Natur, in welcher er wegen der Identität des Wesens mit seinem Vater Eins ist und „Gleichnis und Ebenbild und Abglanz seiner Herrlichkeit".[4] Und wenn er, den Stand der Menschheit nicht verschmähend, zu den Juden spricht: „Nun aber sucht ihr mich zu töten, einen Menschen, der ich euch die Wahrheit gesagt habe",[5] so nehmen wir desungeachtet wiederum an, daß ebenderselbe, dem Vater ähnliche und gleiche Gott das Wort hier vom Stande seiner Menschheit aus spricht. Müssen wir notwendig glauben, daß er, da er von Natur aus Gott

[1] Joh. 6, 53. [2] Ebd. 14, 9. [3] Ebd. 10, 30. [4] Hebr. 1, 3.
[5] Joh. 8, 40.

war, Fleisch geworden ist oder mit vernünftiger Seele beseelter Mensch, weshalb glaubt jemand über seine Worte erröten zu müssen, wenn sie menschlich klingen? Soll er alle einem Menschen angemessenen Reden meiden, wer hat ihn denn genötigt, Mensch wie wir zu werden? Hat er aber um unsertwillen sich zu freiwilliger Entäußerung herabgelassen, warum soll er die der Entäußerung entsprechenden Reden meiden? Es sind also sämtliche in den Evangelien mitgeteilten Worte einer Person zuzuschreiben, der einen fleischgewordenen Hypostase des Wortes. Denn es ist ein Herr Jesus Christus nach den Schriften.

Wenn er aber auch „Apostel und Hoherpriester unseres Bekenntnisses" genannt wird,[1] insofern er Gott und dem Vater das Glaubensbekenntnis darbringt, welches wir ihm und durch ihn Gott und dem Vater und auch dem Heiligen Geiste weihen, so ist wiederum, behaupten wir, von dem der Natur nach Gott entstammten eingeborenen Sohne die Rede. Ihm und nicht etwa einem andern, von ihm verschiedenen Menschen weisen wir den Namen des Priesters zu, den Namen und auch die Sache. Denn er ist „der Mittler zwischen Gott und den Menschen"[2] geworden und der Friedensstifter, indem er sich selbst Gott und dem Vater zum Wohlgeruche darbrachte. Deshalb sagte er auch: „Schlacht- und Speiseopfer hast du nicht gewollt, einen Leib aber hast du mir bereitet. Da sprach ich: Siehe, ich komme, in der Buchrolle ist über mich geschrieben, zu vollziehen, o Gott, deinen Willen."[3] Für uns hat er seinen Leib zum Wohlgeruche dargebracht und nicht für sich selbst. Oder welches Speise- oder Schlachtopfers hätte er für sich selbst bedürfen sollen, da er als Gott über jede Sünde erhaben ist? Wenn aber wir „alle gesündigt haben und der Gottesherrlichkeit ermangeln",[4] weil wir der Neigung zum Bösen verfallen sind und die Natur des Menschen an Sündhaftigkeit krankt, er jedoch nicht so, und wir

[1] Hebr. 3, 1. [2] 1 Tim. 2, 5. [3] Hebr. 10, 5—7. [4] Röm. 3, 23.

deshalb seiner Herrlichkeit entbehren, wie kann es da noch zweifelhaft sein, daß er als das wahre Opferlamm um unsertwillen und für uns geschlachtet worden ist? Wollten wir sagen, er habe für sich und für uns sich selbst dargebracht, so würden wir der Anklage der Gottlosigkeit nimmermehr entrinnen können. Denn weil er sich in keiner Weise verfehlt und keine Sünde getan hat, wie sollte er einer Opfergabe bedurft haben, da keine Sünde vorlag, derentwegen ein Opfer am Platze sein konnte?

Wenn er aber von dem Geiste sagt: „Er wird mich verherrlichen",[1] so behaupten wir vom Standpunkte des rechten Glaubens aus, daß der e i n e Christus und Sohn nicht so von dem Heiligen Geiste verherrlicht worden ist, wie wenn er der Verherrlichung von seiten eines andern bedürftig gewesen wäre, da sein Geist nicht erhabener ist und nicht höher steht als er selbst. Weil er jedoch behufs Erweises seiner Gottheit des eigenen Geistes sich bediente zum Wunderwirken, so erklärt er, von diesem Geiste verherrlicht worden zu sein, wie einer aus uns von der ihm gerade innewohnenden Kraft oder Wissenschaft zu irgendwelcher Leistung sagen könnte: sie werden mich verherrlichen. Wenngleich nämlich der Geist eine eigene Person ist und demnach auch für sich betrachtet wird, weil er Geist ist und nicht Sohn, so ist er deshalb doch dem Sohne nicht fremd. Er ist ja „der Geist der Wahrheit" genannt worden,[2] und Christus ist „die Wahrheit",[3] und er geht aus von Christus, wie er auch von Gott und dem Vater ausgeht. Daher hat der Geist auch durch die Hand der heiligen Apostel die Wunder gewirkt, nachdem unser Herr Jesus Christus in den Himmel aufgefahren war, und hat ihn verherrlicht. Er ward nämlich dadurch beglaubigt als derjenige, der der Natur nach Gott ist und sich jetzt wieder wirksam zeigte durch seinen Geist. Deshalb sagte er auch: „Von dem Meinigen wird er nehmen und es euch verkünden."[4]

[1] Joh. 16, 14. [2] Ebd. 14, 17; 16, 13. [3] Ebd. 14, 6. [4] Ebd. 16, 14.

Wir behaupten damit keineswegs, daß der Geist nur durch Teilnahme weise und mächtig sei. Er ist vielmehr schlechthin vollkommen und bedarf keines Gutes mehr; und da er der Geist der Macht und Weisheit des Vaters, das heißt der Geist des Sohnes ist, so ist er ganz und gar Weisheit und Macht.

Da aber die heilige Jungfrau den der Person nach mit dem Fleische geeinten Gott fleischlich geboren hat, so behaupten wir, daß sie deshalb auch Gottesgebärerin ist. Nicht wie wenn die Natur des Wortes vom Fleische her ihren Ursprung genommen hätte; denn „das Wort war im Anfang, und Gott war das Wort, und das Wort war bei Gott",[1] und er ist der Schöpfer der Welten, gleichewig mit dem Vater, und der Bildner des Alls. Aber, wie wir schon sagten, da er die menschliche Natur der Person nach sich selbst einte, so hat er sich auch der fleischlichen Geburt aus dem Mutterschoße unterzogen. Nicht als ob er notwendig oder der eigenen Natur wegen auch der Geburt in der Zeit und in den letzten Weltzeiten bedurft hätte, sondern um auch den Anfang unseres Seins zu segnen. Dadurch nämlich, daß das Weib den mit dem Fleische geeinten Gott gebar, sollte der gegen das ganze Geschlecht gerichtete Fluch, welcher unsere irdischen Leiber dem Tode überantwortete, ein Ende nehmen, sollte das Urteil: „In Schmerzen wirst du Kinder gebären"[2] durch ihn aufgehoben und das Wort des Propheten wahrgemacht werden: „Verschlungen hat der Tod (alles), da er zur Macht gelangt, aber Gott wischt wieder ab alle Träne von jedem Antlitz."[3] Aus diesem Grunde, behaupten wir, hat er in Verfolg der Heilsveranstaltung auch die Ehe gesegnet und zusammen mit den heiligen Aposteln der Einladung nach Kana in Galiläa Folge gegeben.

So zu denken sind wir gelehrt worden von den heiligen Aposteln und Evangelisten und der ganzen gotteingegebenen Schrift sowie auch durch das wahre Be-

[1] Joh. 1, 1. [2] Gen. 3, 16. [3] Is. 25, 8 (LXX).

kenntnis der seligen Väter. Dies alles muß auch Deine Gottesfurcht gutheißen und ohne jeden Trug annehmen. Was aber Deine Gottesfurcht zu anathematisieren hat, haben wir diesem unserm Briefe angeschlossen.

1. Wenn jemand nicht bekennt, daß der Emmanuel in Wahrheit Gott ist und die heilige Jungfrau deshalb Gottesgebärerin ist, weil sie das fleischgewordene aus Gott entstammte Wort fleischlich geboren hat, so sei er im Banne.

2. Wenn jemand nicht bekennt, daß das aus Gott dem Vater entstammte Wort der Person nach dem Fleische geeint worden und daß Christus mitsamt seinem Fleische Einer ist, nämlich Gott und Mensch in derselben Person, so sei er im Banne.

3. Wenn jemand bei dem e i n e n Christus nach erfolgter Einigung die Personen zerreißt, indem er sie nur durch Einheit der Würde oder Hoheit oder Macht verbunden sein läßt, und nicht vielmehr durch den Zusammenschluß der Naturen vermöge der Einigung, so sei er im Banne.

4. Wenn jemand die Worte, die in den evangelischen und apostolischen Schriften entweder von den Heiligen über Christus oder von ihm selbst über sich ausgesagt werden, auf zwei Personen oder Hypostasen verteilt, indem er die einen einem neben dem Gott entstammten Worte für sich bestehenden Menschen, die andern als gotteswürdig dem aus Gott dem Vater entstammten Worte allein zuschreibt, so sei er im Banne.

5. Wenn jemand zu behaupten wagt, Christus sei ein gottgetragener Mensch und nicht vielmehr in Wahrheit Gott als einziger und natürlicher Sohn, da das Wort Fleisch geworden ist und in gleicher Weise wie wir an Blut und Fleisch teilgenommen hat, so sei er im Banne.

6. Wenn jemand behauptet, das aus Gott dem Vater entstammte Wort sei Gott oder Herrscher Christi, und nicht vielmehr bekennt, daß Christus in derselben Per-

son Gott und Mensch zugleich ist, weil das Wort Fleisch geworden ist nach den Schriften, so sei er im Banne.

7. Wenn jemand sagt, Jesus sei als Mensch von Gott dem Worte zu seinem Wirken befähigt worden und die Glorie des Eingeborenen sei ihm als einem andern neben dem Eingeborenen Stehenden verliehen worden, so sei er im Banne.

8. Wenn jemand zu behaupten wagt, der angenommene Mensch müsse mit Gott dem Worte zusammen angebetet und zusammen verherrlicht und zusammen Gott geheißen werden, wie ein anderer mit einem andern — denn das stets hinzugefügte Wort „zusammen" zwingt so zu denken —, und nicht vielmehr mit einer Anbetung den Emmanuel ehrt und mit einer Lobpreisung ihn verherrlicht, da das Wort Fleisch geworden ist, so sei er im Banne.

9. Wenn jemand sagt, der eine Herr Jesus Christus sei von dem Geiste in der Weise verherrlicht worden, daß er sich seiner wie einer fremden Macht bedient hätte, und von dem Geiste sei er in den Stand gesetzt worden, gegen die unreinen Geister zu kämpfen und die Gotteszeichen unter den Menschen zu vollbringen, und nicht vielmehr bekennt, daß es sein eigener Geist war, kraft dessen er auch die Gotteszeichen gewirkt hat, so sei er im Banne.

10. Christus ist Hoherpriester und Apostel unseres Bekenntnisses geworden, sagt die göttliche Schrift, und er hat sich selbst für uns dargebracht zum Wohlgeruch für Gott und den Vater. Wenn also jemand sagt, nicht das aus Gott entstammte Wort sei unser Hoherpriester und Apostel geworden, da es Fleisch und Mensch wie wir ward, sondern ein anderer neben ihm für sich bestehender, aus dem Weibe geborener Mensch, oder wenn jemand behauptet, er habe sein Opfer auch für sich selbst dargebracht und nicht vielmehr allein für uns, da er doch keines Opfers bedurfte, weil er keine Sünde kannte, so sei er im Banne.

11. Wenn jemand nicht bekennt, daß das Fleisch des Herrn lebenspendend ist und das eigene Fleisch des aus Gott dem Vater entstammten Wortes, sondern sagt, es sei das Fleisch eines andern neben ihm, der der Würde nach mit ihm verbunden oder nur der Einwohnung Gottes gewürdigt gewesen sei, und nicht vielmehr, daß es lebenspendend ist, wie wir sagten, weil es das eigene Fleisch des Wortes geworden ist, welch letzteres alles lebendig zu machen vermag, so sei er im Banne.

12. Wenn jemand nicht bekennt, daß das Wort Gottes im Fleische gelitten hat und im Fleische gekreuzigt worden ist und im Fleische den Tod gekostet hat und der Erstgeborene aus den Toten geworden ist, da es als Gott Leben und lebenspendend ist, so sei er im Banne.

III. Der Friedensbrief an Johannes von Antiochien

Den Brief an Patriarch Johannes von Antiochien, welcher den Friedensschluß zwischen Cyrillus und den antiochenischen Bischöfen besiegelte, aus dem Februar oder März 433 hat das Konzil von Chalzedon 451 sich zu eigen gemacht und empfohlen. Neue Ausgaben dieses Briefes, in der Gesamtausgabe Ep. 39 (Migne 77, 173—182), bei Pusey a. a. O. 40—53 (hier griechisch und in alter lateinischer Übersetzung); bei Schwartz a. a. O. I 1, pars 4, 15—20.

*

Meinem Herrn, dem geliebten Bruder und Kollegen Johannes, sage ich, Cyrillus, Gruß im Herrn.

„Die Himmel sollen sich freuen und die Erde soll jauchzen."[1] Denn „die Zwischenwand des Zaunes ist gefallen"[2] und die Trauer hat ein Ende, und jede Meinungsverschiedenheit ist geschwunden. Unser aller Heiland Christus schenkt seinen Kirchen den Frieden. Zu diesem Ende hatten uns die gottesfürchtigsten und gottgeliebtesten Kaiser auch berufen, treffliche Eiferer für die ererbte Gottesfurcht, die da in ihrem eigenen Herzen

[1] Ps. 95, 11. [2] Eph. 2, 14.

den rechten Glauben fest und unerschüttert bewahren und in ausgezeichneter Weise für die heiligen Kirchen Sorge tragen, um immerwährenden Ruhm zu ernten und ihre Regierung mit Glorie zu umkleiden. Der Herr der Mächte teilt denn auch mit reicher Hand seine Güter an sie aus und verleiht ihnen Gewalt über ihre Widersacher und den Sieg über ihre Feinde. Denn er lügt nicht, wenn er sagt: „So wahr ich lebe, spricht der Herr, die, die mich verherrlichen, werde ich verherrlichen."[1]

Es hat uns also mit herzlicher Freude erfüllt, daß mein Herr, der gottesfürchtigste Bruder und Kollege Paulus,[2] nach Alexandrien kam, um so mehr, als ein solcher Mann die Vermittlung übernahm und über seine Kräfte gehenden Mühen sich unterziehen wollte, um den Neid des Teufels zu besiegen und das Auseinandergerissene zusammenzuknüpfen und durch Beseitigung der dazwischengeworfenen Ärgernisse die Kirchen bei Euch und die Kirchen bei uns mit Eintracht und Frieden zu schmücken. Auf welche Weise die Spaltung eingerissen war, braucht nicht dargelegt zu werden. Ich halte es vielmehr für angebracht, zu sinnen und zu sagen, was zu der Zeit des Friedens paßt. Wir waren also hoch erfreut über die Ankunft des erwähnten gottesfürchtigsten Mannes, welcher vielleicht befürchtet hatte, es werde keine kleinen Kämpfe kosten, um uns zu überzeugen, daß die Kirchen zum Frieden verbunden und das Gelächter der Andersgläubigen zum Schweigen gebracht und überdies der Zwietrachtsstachel des Teufels abgestumpft werden müsse. Er fand uns jedoch so sehr bereit dazu, daß er sich auch nicht die geringste Mühe zu geben brauchte. Wir waren eingedenk des Wortes des Heilandes: „Meinen Frieden gebe ich euch, meinen Frieden hinterlasse ich euch;"[3] auch sind wir gelehrt worden, in unsern Gebeten zu sprechen: „Herr, unser Gott, gib Frieden, denn (damit) hast du uns alles gegeben",[4]

[1] 1 Kön. 2, 30. [2] Der greise Bischof Paulus von Emesa.
[3] Joh. 14, 27. [4] Is. 26, 12.

so daß also jemand, der an dem Frieden teilhat, den Gott verleiht, keines weitern Gutes mehr bedarf.

Daß aber die Spaltung der Kirchen durchaus gegenstandslos geworden und nicht mehr am Platze ist, davon haben wir uns jetzt voll und ganz überzeugen können, da mein Herr, der gottesfürchtigste Bischof Paulus, uns ein Papier mit einem tadellosen Glaubensbekenntnisse überreichte und erklärte, dieses Bekenntnis sei von Deiner Frömmigkeit und den dortigen gottesfürchtigsten Bischöfen verfaßt worden. Es lautet wie folgt und sei wörtlich in diesen unsern Brief aufgenommen:

„Wie wir aber über die jungfräuliche Gottesgebärerin und über die Art und Weise der Menschwerdung des eingeborenen Sohnes Gottes denken und sprechen, wollen wir notgedrungen nicht in Weise eines Zusatzes, sondern in Form einer vollen Erklärung, so wie wir es von Anfang an aus den göttlichen Schriften und aus der Überlieferung der heiligen Väter überkommen haben, in Kürze darlegen, ohne dem Glaubensbekenntnisse der heiligen Väter zu Nizäa irgend etwas hinzuzufügen. Denn dieses genügt, wie wir sagten, um alle Gottesfurcht erkennen zu lassen und alle häretische Falschlehre auszuschließen. Indem wir aber unsern Glauben darlegen, wollen wir uns nicht an dem Unerreichbaren vergreifen, sondern unter Eingeständnis des eigenen Unvermögens und unter Absage an diejenigen, die sich überheben zu sollen glauben, auch von dem den Menschen Überragenden sprechen. Wir bekennen also, daß unser Herr Jesus Christus, der eingeborene Sohn Gottes, vollkommener Gott und vollkommener Mensch ist, aus einer vernünftigen Seele und einem Leibe bestehend, vor Ewigkeiten aus dem Vater gezeugt der Gottheit nach, am Ende der Tage aber um unsertwillen und um unseres Heiles willen auch geboren aus Maria der Jungfrau der Menschheit nach, wesensgleich mit dem Vater der Gottheit nach und wesensgleich mit uns der Menschheit nach. Es hat nämlich eine Einigung der zwei Naturen stattgefunden, und deshalb bekennen wir einen Christus, einen Sohn, einen Herrn. Dieser unvermischten Einigung zufolge bekennen wir, daß die heilige Jungfrau Gottesgebärerin ist, weil Gott das Wort Fleisch und Mensch geworden ist und schon von der Empfängnis an den aus ihr genommenen Tempel sich selbst geeint hat. Die evangelischen und apostolischen Worte über den Herrn werden, wissen wir, von den Gottesgelehrten insofern alle zusammengefaßt, als sie auf eine Person bezogen werden, insofern aber unterschieden, als sie von zwei Naturen verstanden werden, die gotteswürdigen von der Gottheit Christi, die niedrig lautenden von der Menschheit."

Beim Lesen dieser Eurer heiligen Worte konnten wir feststellen, daß wir ebenso wie Ihr denken — denn „es ist ein Herr, ein Glaube, eine Taufe"[1] —, und wir haben Gott den Heiland aller gepriesen und uns gegenseitig beglückwünscht, daß die Kirchen bei uns sowohl wie die Kirchen bei Euch den mit den gotteingegebenen Schriften und der Überlieferung der heiligen Väter übereinstimmenden Glauben haben.

Weil ich jedoch erfahren habe, daß einige von den Leuten, die ihre Freude am Tadeln haben, nach Art wilder Wespen herumsummen und böse Reden gegen mich im Munde führen, wie wenn ich behauptete, der heilige Leib Christi sei vom Himmel herabgebracht und nicht aus der heiligen Jungfrau geboren worden, so habe ich geglaubt, darüber einige wenige Worte zu ihnen sprechen zu sollen. O ihr Unverständigen und nur des Verleumdens Kundigen, wie seid ihr nur zu dieser Meinung gekommen und auf eine solche Torheit verfallen? Ihr mußtet ja doch, ja ihr mußtet wohl wissen, daß sozusagen unser ganzer Kampf für den Glauben hinausgelaufen ist auf Verfechtung des Satzes: Die heilige Jungfrau ist Gottesgebärerin. Wollen wir aber behaupten, der heilige Leib Christi, des Heilandes unser aller,

[1] Eph. 4, 5.

sei vom Himmel und nicht aus ihr geboren, wie könnte sie dann noch Gottesgebärerin sein? Wen hat sie denn überhaupt geboren, wenn es nicht wahr sein soll, daß sie den Emmanuel dem Fleische nach geboren hat? Diejenigen, die solche Märchen über mich verbreitet haben, sollen also dem Gelächter preisgegeben werden. Denn der selige Prophet Isaias lügt nicht, wenn er sagt: „Siehe, die Jungfrau wird empfangen im Schoße und einen Sohn gebären, und man wird seinen Namen Emmanuel nennen, was in Übersetzung heißt: Mit uns ist Gott."[1] Und auch der heilige Gabriel spricht die Wahrheit, wenn er zu der seligen Jungfrau sagt: „Fürchte dich nicht, Maria, denn du hast Gnade gefunden bei Gott, und siehe, du wirst empfangen im Schoße und einen Sohn gebären und seinen Namen Jesus nennen, denn er wird sein Volk erlösen von seinen Sünden."[2]

Wenn wir aber sagen, unser Herr Jesus Christus sei vom Himmel und von oben her, so wollen wir damit nicht behaupten, daß sein heiliges Fleisch von oben und vom Himmel her herabgebracht worden sei; vielmehr folgen wir dem göttlichen Paulus, der ausdrücklich erklärt hat: „Der erste Mensch ist von der Erde aus Staub gebildet, der zweite Mensch, der Herr, ist vom Himmel."[3] Auch erinnern wir uns, daß der Heiland selbst sagt: „Niemand ist in den Himmel hinaufgestiegen außer dem, der vom Himmel herabgestiegen, der Menschensohn."[4] Gleichwohl ist er dem Fleische nach, wie ich soeben sagte, aus der heiligen Jungfrau geboren worden. Der von oben und vom Himmel her niedergestiegene Gott das Wort hat eben sich selbst entäußert, indem er Knechtsgestalt annahm, und hat Menschensohn geheißen, wobei er jedoch blieb, was er war, das heißt Gott — denn er ist der Natur nach unwandelbar und unveränderlich —; und da er nunmehr mitsamt seinem Fleische als Einer gedacht wird, so heißt es, er selbst sei vom

[1] Is. 7, 14; Matth. 1, 23. [2] Luk. 1, 30 f.; Matth. 1, 21.
[3] 1 Kor. 15, 47. [4] Joh. 3, 13.

Himmel herabgekommen, und so ist er auch der Mensch vom Himmel genannt worden, vollkommen in der Gottheit und zugleich vollkommen in der Menschheit, und in einer Person gedacht. Denn Einer ist der Herr Jesus Christus, ohne daß der Unterschied der Naturen verkannt werden soll, welche in unaussprechlicher Einigung miteinander verbunden sind.

Denen aber, die behaupten, es habe eine Vermischung oder Vermengung oder Verschmelzung Gottes des Wortes mit dem Fleische stattgefunden, wolle Deine Frömmigkeit den Mund stopfen. Es liegt nämlich nahe, anzunehmen, daß einige auch dies über mich ausstreuen, als ob ich so gedacht oder gesprochen hätte. Ich aber bin so weit entfernt, an so etwas gedacht zu haben, daß ich es für eine Tollheit halte, überhaupt zu glauben, es könne auf die göttliche Natur des Wortes auch nur „der Schatten eines Wechsels"[1] fallen. Denn sie bleibt immer, was sie ist, und verändert sich nicht und wird sich auch niemals verändern und ist keiner Verwandlung fähig. Überdies bekennen wir alle, daß das Wort Gottes leidenslos ist, obwohl wir sehen, daß der allweise Veranstalter des Geheimnisses die Leiden, die seinem Fleische widerfahren sind, sich selbst zuschreibt. Deshalb sagt auch der allweise Petrus: „Da Christus für uns gelitten hat im Fleische",[2] und nicht in der Natur der unaussprechlichen Gottheit. Um sich aber als den Heiland aller zu erweisen, legt er, wie gesagt, der Menschwerdung zufolge die Leiden seines Fleisches sich selbst bei. So in dem Worte, welches als sein Wort durch die Stimme des Propheten vorausverkündet worden ist: „Ich habe meinen Rücken zu Geißelhieben hergegeben und meine Wangen zu Backenstreichen und habe mein Antlitz nicht abgewandt von der Schmach der Anspeiungen."[3]

Daß wir aber allenthalben den Lehren der heiligen Väter folgen, insbesondere unseres seligen und berühm-

[1] Jak. 1, 17. [2] 1 Petr. 4, 1. [3] Is. 50, 6.

ten Vaters Athanasius, ohne auch nur im geringsten von ihnen abzuweichen, darf Deine Frömmigkeit glauben und darf kein anderer bezweifeln. Ich würde viele Zeugnisse der heiligen Väter beigefügt haben, um durch dieselben meine Worte zu beglaubigen, wenn ich nicht gefürchtet hätte, daß die Länge des Briefes vielleicht Überdruß erregen könnte. Wir dulden auch nicht, daß in irgendeiner Weise von einigen der festgesetzte Glaube erschüttert werde oder das Glaubensbekenntnis, welches unsere heiligen Väter aufgestellt haben, die seinerzeit zu Nizäa zusammengetreten sind; weder uns selbst noch andern gestatten wir, ein Wort daran zu ändern oder eine Silbe davon auszulassen, eingedenk dessen, der sagt: „Verrücke nicht die ewigen Grenzen, die deine Väter gesetzt haben!"[1] Denn nicht sie waren es, die da sprachen, sondern der Geist Gottes und des Vaters, welcher von ihm ausgeht, aber auch dem Sohne nicht fremd ist, gemäß der Einheit des Wesens. Das beglaubigen uns die Worte der heiligen Lehrmeister. In der Apostelgeschichte steht geschrieben: „Da sie aber nach Mysien gekommen waren, versuchten sie nach Bithynien zu gehen, aber der Geist Jesu ließ sie nicht."[2] Und der göttliche Paulus schreibt: „Diejenigen aber, welche im Fleische sind, können Gott nicht wohlgefallen. Ihr aber seid nicht im Fleische, sondern im Geiste, wenn anders der Geist Gottes in euch wohnt; wenn aber jemand den Geist Christi nicht hat, der ist nicht sein."[3]

Wenn aber einige von denen, die gewohnt sind, das Rechte zu verkehren, meine Worte nach ihrem Gutdünken abändern, so möge Deine Frömmigkeit sich darüber nicht wundern, da sie weiß, daß alle Häretiker aus der gotteingegebenen Schrift Vorwände für ihren Irrtum zusammensuchen, indem sie das durch den Heiligen Geist recht Gesagte nach ihren falschen Meinungen verdrehen und die unauslöschliche Flamme auf ihr Haupt laden.

[1] Sprichw. 22, 28. [2] Apg. 16, 7. [3] Röm. 8, 8 f.

Da wir aber gehört haben, daß gewisse Leute auch den Brief unseres berühmten Vaters Athanasius an den seligen Epiktet,[1] der rechtgläubig gehalten ist, gefälscht und in entstellter Form herausgegeben haben, wodurch dann viele geschädigt wurden, so glaubten wir deshalb ein für die Brüder nützliches und notwendiges Werk zu tun, wenn wir von alten Exemplaren, die bei uns aufbewahrt werden und frei von Fehlern sind, eine Abschrift nahmen und Deiner Frömmigkeit zusandten.

[1] Es ist der von jeher vielgenannte Brief des hl. Athanasius an Bischof Epiktet von Korinth über das Dogma von der Menschwerdung (Migne, PP. Gr. 26, 1049—1070).

3. Die Erklärung des Nizänischen Glaubensbekenntnisses

Die Erklärung des Nizänischen Glaubensbekenntnisses dürfte um 438 verfaßt worden sein; zu Eingang (c. 5) wird des Konzils zu Ephesus vom Jahre 431 gedacht; gegen Ende (c. 29) wird ein, wie es scheint, nicht mehr erhaltenes Schreiben des Patriarchen Proklus von Konstantinopel, 434—446, angezogen. In der Gesamtausgabe hat diese Erklärung unter den Briefen als Ep. 55 eine Stelle gefunden (Migne 77, 289—320). Eine neue Rezension bei Schwartz a. a. O. I 1, pars 4, 49—61.

*

1. Den geliebten und hochgeschätzten Presbytern Anastasius, Alexander, Martinianus, Johannes, Paregorius, dem Diakon Maximus und den übrigen orthodoxen Vätern der Mönche sowie allen, die mit euch ein Mönchsleben führen und im Glauben an Gott feststehen, sagt Cyrillus Gruß im Herrn.

Auch heute muß ich die Wißbegier und den Eifer eurer Liebe lebhaft anerkennen und allen Ruhmes wert erklären. Denn wer sollte das Interesse für die göttlichen Wissenschaften und das Streben nach richtigem Verständnis der heiligen Glaubenslehren nicht freudig begrüßen? Führt es doch dem ewigen und seligen Leben entgegen und sind diese Mühen ihres Lohnes sicher. Denn unser Herr Jesus Christus sagt einmal zu dem Vater und Gott im Himmel: „Das aber ist das ewige Leben, daß sie dich erkennen, den allein wahren Gott, und den du gesandt hast, Jesus Christus."[1]

2. Der rechte und unanfechtbare Glaube, der begleitet ist von dem Glanze guter Werke, bereichert uns ja mit allem Guten und beweist, daß wir ausgezeichnete Herrlichkeit erlangt haben. Entbehrt jedoch die Vortrefflichkeit des Tuns der rechten Lehranschauungen und des

[1] Joh. 17, 3.

untadeligen Glaubens, so kann sie der Seele des Menschen, wie ich glaube, keinerlei Nutzen bringen. Denn wie „der Glaube ohne die Werke tot ist",[1] so ist, behaupten wir, auch das Umgekehrte wahr. In Verbindung mit dem Ruhme eines guten Lebens soll also auch die Makellosigkeit im Glauben ihre Strahlen aussenden. So erst werden wir allen Anforderungen entsprechen gemäß dem Gesetze des allweisen Moses: „Denn du sollst vollkommen sein", sagt er, „vor dem Herrn deinem Gott."[2] Diejenigen aber, welche die Regeln eines lobenswerten Wandels innehalten, aus Unwissenheit jedoch auf den Besitz des rechten Glaubens wenig Gewicht legen, gleichen gewissermaßen den Leuten, die ein ansprechendes Äußere haben, jedoch einen irren und wirren Blick der Augen, so daß auf sie das Wort Anwendung findet, welches Gott durch den Mund des Jeremias an die Mutter der Juden, ich meine an Jerusalem, richtete: „Siehe, deine Augen und dein Herz sind nicht schön."[3]

3. Ihr müßt also vor allem einen gesunden Geist in euch haben und der Heiligen Schrift eingedenk sein, die da spricht und mahnt: „Deine Augen sollen das Rechte schauen."[4] Einen geraden Blick der im Innern verborgenen Augen haben aber heißt scharf und, soweit es möglich ist, durchdringend die Lehren würdigen können, wie sie etwa über Gott vorgetragen werden. Wir „sehen ja durch einen Spiegel und in rätselhafter Weise und erkennen nur stückweise",[5] der aber, „der aus der Finsternis Geheimnisvolles entschleiert",[6] gießt das Licht der Wahrheit denen ein, die recht über ihn unterrichtet sein wollen. Wir müssen uns daher vor Gott niederwerfen und sprechen: „Erleuchte meine Augen, daß ich nicht etwa entschlafe zum Tode!"[7] Denn des rechten Verständnisses der heiligen Glaubenslehren verlustig gehen, würde nichts anderes sein als ein offenbares Entschlafen

[1] Jak. 2, 26. [2] Deut. 18, 13. [3] Jer. 22, 17. [4] Sprichw. 4, 25. [5] 1 Kor. 13, 12. [6] Job 12, 22. [7] Ps. 12, 4.

zum Tode. Wir verlieren aber das rechte Verständnis, wenn wir uns, statt den gotteingegebenen Schriften zu folgen, von tadelnswerten Mutmaßungen leiten oder durch den Anschluß an gewisse Leute, welche einen falschen Weg in Glaubenssachen wandeln, das Urteil unseres Verstandes beeinflussen und damit vor allem unsere Seele zu Schaden kommen lassen.

4. Demnach müssen wir auf solche hören, welche dem rechten Sinn des Glaubens nachforschen nach Maßgabe der heiligen Predigt, wie diejenigen sie uns durch den Heiligen Geist überliefert haben, „die von Anfang an Augenzeugen und Diener des Wortes geworden sind".[1] In ihre Fußtapfen zu treten, befleißigten sich unsere berühmten Väter, die da das ehrwürdige und ökumenische Glaubenssymbol aufgestellt haben, als sie seinerzeit zu Nizäa zusammengetreten waren. Christus selbst war Teilnehmer dieser Versammlung, er, der gesagt hat: „Wo immer zwei oder drei versammelt sind in meinem Namen, da bin ich mitten unter ihnen."[2] Wie könnte man bezweifeln, daß Christus selbst unsichtbarer Weise Vorsitzender jener heiligen und großen Versammlung war? Mit dem Bekenntnisse des lautern und unverfälschten Glaubens wurde ja für die Menschen auf dem ganzen Erdkreis gleichsam eine Basis und ein unzerstörbares und unerschütterliches Fundament gelegt. Wie soll da Christus fern gewesen sein, da er doch selbst das Fundament ist nach dem Satze des hochweisen Paulus: „Ein anderes Fundament kann niemand legen als das, was schon gelegt ist, nämlich Jesus Christus."[3] Der von ihnen dargelegte und festgelegte Glaube ist denn auch unverbrüchlich gewahrt worden von den späteren heiligen Vätern und Hirten der Völker und Leuchten der Kirchen und den hervorragendsten Lehrmeistern. Auch finden wir, daß in den Bekenntnissen oder Darlegungen der Väter über den rechten und unverdorbenen Glauben

[1] Luk. 1, 2. [2] Matth. 18, 20. [3] 1 Kor. 3, 11.

schlechterdings nichts ausgelassen oder übersehen worden ist von allem dem, was dienlich sein kann, sei es zur Überführung oder Widerlegung irgendwelcher Häresie oder gottlosen Frechheit, sei es zur Stärkung und Festigung derer, die den rechten Weg im Glauben wandeln, denen der strahlende Morgenstern aufgegangen und „der Tag angebrochen ist", nach den Schriften,[1] denen die Gnade der heiligen Taufe das Licht der Wahrheit eingießt.

5. Da aber eure Gottesfurcht geschrieben hat, daß gewisse Leute das Symbol zu falschen Deutungen mißbrauchen, weil sie entweder den Sinn seiner Worte nicht recht verstehen oder auch durch Einwirkung der Schriften gewisser Leute sich zu falschen Auffassungen verleiten lassen, und daß auch ich über diese Dinge zu euch reden und euch eine zutreffende Erklärung geben müsse, so habe ich geglaubt, das, was sich mir aufdrängte, in Kürze vortragen zu sollen. Allenthalben jedoch werden wir den Bekenntnissen und Lehren der heiligen Väter folgen, indem wir das von ihnen Gesagte genau und unvoreingenommen zu Rate ziehen. Es hat ja auch schon die heilige Synode, ich meine diejenige, die nach Gottes Willen zu Ephesus versammelt war und gegen die Falschlehre des Nestorius ihr frommes und zutreffendes Urteil abgab, mit ihm zugleich alle andern, die etwa nach ihm auftreten würden oder auch schon vor ihm aufgetreten sind, wenn sie ebenso wie er zu denken und zu sprechen oder zu schreiben wagen, verurteilt und mit der gleichen Strafe belegt. Es war eben folgerichtig, wenn einmal e i n e r wegen so verruchter Schwätzereien verdammt wurde, nicht nur gegen diesen einen einzuschreiten, sondern gegen ihre Häresie überhaupt oder gegen die Verleumdung, deren sie sich den frommen Glaubenslehren der Kirche gegenüber schuldig gemacht haben, indem sie zwei Söhne predigten und den Unteilbaren aus-

[1] 2 Petr. 1, 19.

einanderrissen und gegen Himmel und Erde die Anklage der Menschenanbetung schleuderten. Denn im Vereine mit uns betet die ganze heilige Schar der obern Geister den einen Herrn Jesus Christus an.

6. Damit indessen der Inhalt des Symbols, welches in allen heiligen Kirchen Gottes Geltung hat und verkündet worden ist, nicht doch bei einigen unbekannt bleibe, habe ich die Lehren oder Darlegungen der heiligen Väter in die hier vorliegende Erklärung aufgenommen, damit die Leser wissen, in welcher Weise die Darlegung der heiligen Väter oder das lautere Symbol des rechten Glaubens aufzufassen ist. Ich glaube aber annehmen zu dürfen, daß auch das Buch, welches wir über eben diese Dinge verfaßt haben, zur Kenntnis eurer Liebe gekommen ist.[1] Nachdem ich nunmehr, wie gesagt, das Symbol selbst im Wortlaute angeführt, werde ich mich mit Gottes Hilfe den einzelnen Sätzen desselben zuwenden, um sie deutlich zu erklären. Ich weiß ja wohl, daß der allgefeierte Petrus geschrieben hat: „Immer bereit zur Verteidigung gegen jeden, der Rechenschaft von euch fordert über die in euch lebende Hoffnung."[2]

7. „Wir glauben an einen Gott, den allmächtigen Vater, Schöpfer aller sichtbaren und unsichtbaren Dinge, und an einen Herrn Jesus Christus, den Sohn Gottes, als Eingeborener gezeugt aus dem Vater, das heißt aus dem Wesen desselben, Gott von Gott, Licht vom Lichte, wahrer Gott vom wahren Gott, gezeugt, nicht gemacht, wesenseins mit dem Vater, durch den alles geworden ist, was im Himmel und was auf Erden ist, der um uns Menschen und um unseres Heiles willen herabgestiegen und Fleisch und Mensch geworden ist, gelitten hat und am dritten Tage auferstanden ist, aufgefahren zu den Himmeln und kommend zu richten die Lebenden und die Toten, und an den Heiligen Geist. Diejenigen aber,

[1] Die Andeutungen sind zu unbestimmt, als daß sie eine Identifizierung dieses Buches gestatten würden.
[2] 1 Petr. 3, 15.

die da sagen, es habe eine Zeit gegeben, da der Sohn Gottes nicht war, und er sei nicht gewesen, bevor er gezeugt wurde, und er sei aus nichts geworden oder aus einer andern Substanz oder Wesenheit, oder er sei wandelbar oder veränderlich, diese anathematisiert die apostolische und katholische Kirche."

8. Sie erklären, an e i n e n Gott zu glauben, und erschüttern damit gleichsam von Grund aus die Anschauungen der Heiden, die, „während sie prahlten, Weise zu sein, Toren geworden sind und die Herrlichkeit des unvergänglichen Gottes vertauscht haben mit der Gestalt eines Bildes von einem vergänglichen Menschen und von Vögeln und von vierfüßigen und kriechenden Tieren."[1] Sie „haben das Geschöpf angebetet mit Umgehung des Schöpfers"[2] und den Elementen der Welt gedient und viele, ja unzählige Götter aufgestellt. Zur Zerstörung dieses polytheistischen Irrwahns also sprechen die Väter von e i n e m Gott, ganz und gar den heiligen Schriften folgend und den Menschen auf dem ganzen Erdkreis den Glanz der Wahrheit vorhaltend. Eben dies tat auch der allweise Moses, da er so klar wie möglich sprach: „Höre, Israel, der Herr dein Gott ist e i n Herr."[3] Und der Urheber und Herrscher des Weltalls selbst spricht: „Du sollst keine andern Götter haben außer mir."[4] Und ebenso auch durch den Mund der heiligen Propheten: „Ich bin der Erste und ich bin der Spätere, und außer mir gibt es keinen."[5] Sehr mit Recht haben daher die allberühmten Väter erklärt, an e i n e n Gott zu glauben, um als notwendige Grundlage für den Glauben die Wahrheit festzustellen, daß von Natur aus und in Wahrheit e i n Gott und nur e i n Gott ist.

9. Sie nennen ihn den allmächtigen Vater, und mit dem Worte „Vater" weisen sie auf den mit ihm existierenden und immer bei ihm seienden Sohn hin, um dessentwillen er Vater ist. Denn er ist nicht erst im Laufe der Zeit

[1] Röm. 1, 22 f. [2] Ebd. 1, 25. [3] Deut. 6, 4. [4] Ex. 20, 3.
[5] Is. 44, 6.

Vater geworden, sondern war immer, was er ist, nämlich Vater, erhaben über alles Gewordene und in den höchsten Höhen thronend. Die Gewalt und Herrschaft über das Weltall verleiht ihm eben eine so hell strahlende und unvergleichliche Herrlichkeit.

10. Von ihm, sagen die Väter, ist alles erschaffen worden, was in den Himmeln und was auf Erden ist, damit auch daraus der Abstand zwischen ihm und jedwedem Geschöpfe erhelle. Denn es besteht eine unausgleichbare Verschiedenheit zwischen dem Schöpfer und dem Geschöpfe, dem Ungewordenen und dem Gewordenen, zwischen der im Joche gehenden Natur und ihrer Knechtschaft und der in Herrscherhoheit leuchtenden Natur, die göttliche und überweltliche Herrlichkeit besitzt.

11. Indem sie sodann des Sohnes gedenken, wollen sie vor allem der Meinung vorbeugen, als ob sie ihm mit dem Worte „Sohn" einen gewöhnlichen Namen zuwiesen, der in gleicher Weise auch uns beigelegt werden könnte — denn auch wir sind Söhne geheißen worden —, und fügen deshalb sehr verständiger Weise Zusätze bei, aus welchen die ihm innewohnende natürliche Erhabenheit über jedwedes Geschöpf zu ersehen ist. Er ist, sagen sie, gezeugt und nicht gemacht, um damit, daß er nicht gemacht ist, hervorzuheben, daß er seinem Wesen nach nicht auf eine Stufe mit dem Geschöpfe gestellt werden darf, und vielmehr zu erklären, daß er vor aller Zeit und auf unbegreifliche Weise aus dem Wesen Gottes und des Vaters hervorgegangen ist. Denn „das Wort war im Anfang".[1] Des weitern stellen sie ausdrücklich die Vollwertigkeit der Zeugung und Geburt fest — nach Menschenart soll so gesprochen werden aus Nützlichkeitsgründen —, indem sie sagen, daß der Sohn gezeugt ist als Gott von Gott. Denn wo es sich um eine schlechthin wahre Abkunft handelt, ergibt sich sofort die Notwendigkeit, anzunehmen und zu behaupten, daß das Erzeugte dem Wesen des Erzeugers nicht fremd, sondern

[1] Joh. 1, 1.

ihm eigen ist, weil es auch aus ihm ist, freilich in der ihm entsprechenden und geziemenden Weise. Das Unkörperliche zeugt ja nicht nach Art eines Körpers, sondern so, wie Licht vom Lichte gezeugt wird, wobei das aufstrahlende Licht innerhalb des ausstrahlenden Lichtes ist, so daß es auf unaussprechliche und unsagbare Art von ihm ausgeht, aber vermöge der Einigung und der natürlichen Identität in ihm ist. So, behaupten wir, ist der Sohn im Vater und der Vater im Sohn; denn der Sohn stellt in seiner eigenen Natur und Herrlichkeit ein Abbild des Vaters dar. Hat er doch deutlich genug zu einem der heiligen Jünger — es war Philippus — gesagt: „Glaubst du nicht, daß ich im Vater bin und der Vater in mir ist? Wer mich gesehen, hat den Vater gesehen."[1] „Ich und der Vater sind Eins."[2] Der Sohn ist also wesenseins mit dem Vater, und deshalb glauben wir, daß er gezeugt ist als wahrer Gott vom wahren Gott. Zwar finden wir das Wort „gezeugt werden" auch von den Geschöpfen gebraucht, wie in dem Ausspruche Gottes über die Israeliten: „Söhne habe ich gezeugt und erhöht."[3] Aber das Geschöpf erlangt diese Bezeichnung als Gnade, während von dem natürlichen Sohne nichts Derartiges in uneigentlichem Sinne gesagt wird, sondern alles auf Wahrheit beruht, weshalb auch er allein von allen sagt: „Ich bin die Wahrheit."[4] Es ist also durchaus nicht unwahr, wenn jemand von seiner Zeugung oder von seiner Sohnschaft spricht, denn er ist die Wahrheit. Die allberühmten Väter geben unserm Geiste darüber Ruhe und Sicherheit, indem sie immer wieder vom Vater und Sohn reden und von Zeugung sprechen und zugleich behaupten, daß der Sohn als wahrer Gott vom wahren Gott und als Licht vom Lichte aufgestrahlt ist. Sie bekunden damit, daß die Zeugung unkörperlich und einfach ist und daß der Sohn aus dem Vater und in dem Vater und ein jeder von beiden als eigene Person zu fassen ist. Denn der Vater ist Vater und nicht Sohn,

[1] Joh. 14, 9 f. [2] Ebd. 10, 30. [3] Is. 1, 2. [4] Joh. 14, 6.

und der Gezeugte ist Sohn und nicht Vater, und trotz der Identität der Natur bleibt ein jeder das, was er im Besondern ist.

12. Wenn sie aber den Vater als den Schöpfer aller sichtbaren und unsichtbaren Dinge bezeichnen und beifügen, er habe alles durch den Sohn erschaffen, so wollen sie damit dem Sohne nicht ein geringeres Maß von Herrlichkeit als seinen Anteil zuerkennen. Das zu glauben, wäre sehr verfehlt, denn bei der Identität des Wesens ist ja nicht abzusehen, wie überhaupt von einem Kleinern oder einem Größern die Rede sein könne. Sie wollen nur sagen, daß es Gott und dem Vater von Natur aus eigen ist, nicht anders wirksam zu sein und etwas ins Dasein zu rufen als durch den Sohn im Geiste oder durch seine eigene Macht und Weisheit. Es steht ja geschrieben: „Durch das Wort des Herrn sind die Himmel gefestigt worden und durch den Hauch seines Mundes all ihr Heer."[1] Der allweise Johannes aber sagt: „Im Anfang war das Wort, und das Wort war bei Gott, und Gott war das Wort", und fährt dann notwendig fort: „Alles ist durch ihn geworden, und ohne ihn ist nichts geworden."[2]

13. Nachdem sie nun bezeugt haben, daß der Sohn mit dem Vater wesenseins ist und die gleiche Herrlichkeit und die gleiche Wirksamkeit hat, gedenken sie sachgemäß seiner Menschwerdung und umreißen das Geheimnis der Veranstaltung im Fleische, da sie wohl erkannt haben, daß erst damit die Überlieferung des Glaubens vollständig und lückenlos sein werde. Denn es genügte für die Gläubigen nicht, überzeugt zu sein, daß er als Gott aus Gott dem Vater gezeugt ist, wesenseins mit ihm und „Ebenbild seiner Substanz";[3] vielmehr mußten sie auch wissen, daß er des Heiles und des Lebens aller wegen sich selbst zur Entäußerung herabgelassen und „Knechtsgestalt angenommen"[4] und als Mensch erschienen ist, dem Fleische nach „geboren aus

[1] Ps. 32, 6. [2] Joh. 1, 1—3. [3] Hebr. 1, 3. [4] Phil. 2, 7.

dem Weibe".[1] Deshalb sagen sie, daß er um uns Menschen und um unseres Heiles willen herabgestiegen und Fleisch und Mensch geworden ist. Beachte nun die angemessene Ordnung und die treffliche Gliederung, in welcher ihre Rede dahinschreitet! Herabgestiegen ist er, sagen sie, um darauf hinzuweisen, daß er seiner Natur und Herrlichkeit nach über allen Dingen erhaben ist, und zwar um unsertwillen herabgestiegen, weil er, denke ich, willens war, der Verähnlichung mit uns sich zu unterziehen und im Fleische der Welt aufzuleuchten. Denn im Buch der Psalmen steht geschrieben: „Gott wird sichtbar kommen, unser Gott, und er wird nicht schweigen."[2] Der Ausgangspunkt des Abstiegs kann freilich, wenn man will, auch anders gefaßt werden, zum Beispiel vom Himmel und von oben her oder vom Vater selbst her. Die heiligen Schriften pflegen ja auch die über die Vernunft hinausgehenden Dinge in uns geläufige Worte zu kleiden. So hat der Herr im Gespräche mit den heiligen Jüngern gesagt: „Ich bin vom Vater ausgegangen und in die Welt gekommen, ich verlasse die Welt wieder und gehe zum Vater;"[3] und wiederum: „Ihr seid von unten, ich bin von oben her;"[4] und ein anderes Mal: „Ich bin vom Vater ausgegangen und bin gekommen."[5] Und der göttliche Johannes schreibt: „Wer von oben her kommt, ist über allen."[6] Denn da er in den höchsten Höhen thronte und ebenso wie sein Vater dem Wesen nach über allen Dingen erhaben war, weil durch die Identität der Natur mit dem Vater ausgezeichnet, so „hat er es nicht für Raub gehalten, Gott gleich zu sein; aber er entäußerte sich selbst, indem er Knechtsgestalt annahm, den Menschen ähnlich geworden und im Äußern als ein Mensch erfunden; er erniedrigte sich selbst."[7] Wie nun das Wort Gott war, so ist es auch, als es sich mit unserm Fleische umkleidete, Gott geblieben, und deshalb sagt der hochheilige Paulus, es sei

[1] Gal. 4, 4. [2] Ps. 49, 3. [3] Joh. 16, 28. [4] Ebd. 8, 23.
[5] Ebd. 16, 28. [6] Ebd. 3, 31. [7] Phil. 2, 6—8.

den Menschen ähnlich und im Äußern als ein Mensch erfunden worden. Denn es war, wie gesagt, Gott in unserer Hülle, und es hat nicht, wie einige Häretiker glauben zu sollen gemeint haben, unbeseeltes Fleisch angenommen, sondern vielmehr mit einer vernünftigen Seele beseeltes Fleisch. Es ist also eben das aus dem Wesen des Vaters hervorgegangene Wort, der eingeborene Sohn, wahrer Gott vom wahren Gott und Licht vom Lichte, der, durch den alles geworden ist; er, sagen die Väter, ist herabgestiegen und Fleisch und Mensch geworden, das heißt, er hat sich dem Fleische nach der Geburt aus dem Weibe unterzogen und ist in unserer Hülle erschienen. Denn das heißt Mensch werden.

14. Einer ist demnach der Herr Jesus Christus, das eingeborene Wort des Vaters selbst, das Fleisch geworden, ohne aufzuhören zu sein, was es war. Es ist auch in der Menschheit Gott geblieben und in der Knechtsgestalt Herrscher und in unserer Entäußerung voll der Gottheit und in der Schwäche des Fleisches Herr der Mächte und im Stande der Menschheit über alle Schöpfung erhaben. Denn was er vor der Fleischwerdung hatte, das behält er unverlierbar; er war ja Gott und wahrer Sohn, Eingeborener und Licht, Leben und Macht; und was er nicht war, hat er des Heilsratschlusses wegen angenommen, indem er die Eigentümlichkeiten des Fleisches sich selbst zu eigen machte. Das in unaussprechlicher und unsagbarer Weise ihm geeinte Fleisch war ja nicht das Fleisch eines andern, sondern sein eigenes Fleisch. So sagt auch der weise Johannes, daß „das Wort Fleisch geworden".[1] Er ist aber nicht so Fleisch geworden, wie wenn er durch irgendwelche Umgestaltung oder Wandlung oder Veränderung in die Natur des Fleisches übergegangen wäre, und auch nicht so, wie wenn er sich irgendeiner Vermengung oder Ver-

[1] Joh. 1, 14.

mischung oder, wie einige schwatzen, Wesensvereinigung (Synusiosis) unterzogen hätte. Denn das ist unmöglich, weil er seiner Natur nach unwandelbar und unveränderlich ist. Vielmehr hat er, wie gesagt, mit vernünftiger Seele beseeltes Fleisch aus dem jungfräulichen und unbefleckten Leibe angenommen und sich zu eigen gemacht. Die gotteingegebene Schrift pflegt ja nicht selten mit dem Worte „Fleisch" allein den ganzen Menschen zu bezeichnen. Wenn es heißt: „Ich gieße von meinem Geiste aus über alles Fleisch",[1] so hat Gott damit nicht dem Fleische, welches nicht mit einer vernünftigen Seele beseelt ist, sondern den aus Seele und Leib bestehenden Menschen seinen Geist einzugießen verheißen.

15. Das Wort hat also nicht aufgehört zu sein, was es war, da es Mensch wurde, sondern ist auch, als es in unserer Hülle erschien, Wort geblieben. Und Christus ist nicht zuerst Mensch gewesen und später Gott geworden, sondern das Wort war Gott und wurde dann Mensch, damit es in einer und derselben Person Gott und Mensch zugleich sei. Diejenigen aber, welche ihn in zwei Söhne zerteilen und nun zu behaupten wagen, Gott das Wort habe den aus dem Samen Davids geborenen Menschen mit sich verbunden und seiner Würde und Ehre und der Auszeichnung der Sohnschaft teilhaft gemacht und ihn in den Stand gesetzt, das Kreuz zu erdulden und zu sterben und wieder aufzuleben und gen Himmel zu fahren und sich zur Rechten des Vaters zu setzen, um seiner Beziehung zu Gott wegen von der ganzen Schöpfung die Ehren der Anbetung zu empfangen, diese Leute predigen erstens zwei Söhne und verkehren sodann den Inhalt des Geheimnisses törichterweise in sein Gegenteil. Denn Christus ist, wie gesagt, nicht aus einem Menschen Gott geworden, sondern das Wort ist, da es Gott war, Fleisch, das heißt Mensch geworden. Es wird aber gelehrt, daß er sich entäußert hat, weil er vor der Entäußerung die

[1] Joel 2, 28.

ganze Fülle dessen besaß, was ihm zukommt, insofern er Gott ist. Er ist eben nicht aus der Leere aufgestiegen zur Fülle; er hat sich vielmehr aus göttlichen Höhen und unaussprechlicher Herrlichkeit selbst erniedrigt, nicht aber ist er als niedriger Mensch zur Höhe erhoben und mit Herrlichkeit gekrönt worden. Ein Freier hat Knechtsgestalt angenommen, nicht ein Knecht die Herrlichkeit der Freiheit erlangt. Der, der in der Gestalt des Vaters und ihm gleich war, ist den Menschen ähnlich geworden, nicht ein Mensch durch Teilnahme Gott ähnlich geworden.

16. Warum also verkehren sie die Lehre von der Menschwerdung und verfälschen die Wahrheit, im Widerspruch zu allen gotteingegebenen Schriften, welche auch den menschgewordenen Sohn Gott nennen und ihn allenthalben als Einen bezeichnen? Moses hat in dem Buche von der Erschaffung der Welt geschildert, wie der göttliche Jakob seine Knechte über den Fluß Jabok schickte und allein zurückblieb.[1] Dann rang ein Mann mit ihm bis zum Anbruch des Morgens, und den Namen jenes Ortes nannte Jakob Gottesschau, indem er sprach: „Ich habe Gott geschaut von Angesicht zu Angesicht, und meine Seele ist gerettet worden." Er sah aber die Sonne aufgehen, als das Gesicht Gottes vorübergegangen war, doch hinkte Jakob an seiner Hüfte. Damit deutete Gott dem Patriarchen im voraus an, daß sein eingeborenes Wort zur Zeit Mensch werden und Israel zum Widersacher haben würde, und daß sie ihm gegenüber nicht geraden Weges wandeln, sondern gleichsam lahm sein würden, wie er selbst durch den Mund des Psalmensängers sagt: „Fremde Söhne haben mir vorgelogen, fremde Söhne sind altersschwach geworden und hinkend abgewichen von ihren Wegen."[2] Das, glaube ich, wurde vorgebildet durch das Hinken Jakobs an seiner Hüfte. Beachte aber folgendes: Ein Mann ringt mit ihm, und er sagt, er habe Gott geschaut von Angesicht zu Angesicht,

[1] Gen. 32, 16—31. [2] Ps. 17, 46.

und nennt ihn Gottesschau. Denn das Wort Gottes ist, auch da es Mensch geworden, in der Gestalt des Vaters verblieben, ich meine dem geistigen Bilde und der vollständig unveränderten Natur nach. Hat er ja auch Philippus gegenüber sich selbst, und zwar da er im Fleische war, für „das Ebenbild des Wesens des Vaters“[1] erklärt und gesagt: „Wer mich gesehen, hat den Vater gesehen.“[2]

17. Und als er einen Blindgeborenen geheilt hatte und ihn im Tempel traf, fragte er: „Glaubst du an den Sohn Gottes?“, und als jener antwortete: „Wer ist es, Herr, daß ich an ihn glaube?“, erwiderte er: „Du hast ihn gesehen, und der, der mit dir spricht, der ist es.“[3] Gesehen hatte ihn der Blinde nicht in nacktem oder fleischlosem Zustande, sondern in unserer Hülle; und geglaubt hat er an den, den er gesehen, nicht als an einen Sohn, der mit einem andern Sohne verbunden war, sondern als den einen natürlichen und wahren Sohn, der den Erdenbewohnern nicht ohne Fleisch aufgeleuchtet war.

18. Der göttliche Moses aber sagt in seinen Segenssprüchen: „Gebet Levi seine Offenbarung und seine Wahrheit, dem frommen Manne, den man versucht hat bei der Versuchung, geschmäht hat bei dem Wasser der Empörung, der dem Vater und der Mutter sagte: Ich habe nicht auf dich gesehen, — und seine Brüder nicht anerkannte.“[4] Es hatte nämlich der Gott des Weltalls für Aaron ein Gewand aus vielfarbigem Gewebe angeordnet, ein Gewand, welches nur dem Hohenpriestertum zustand und ihm ausschließlich vorbehalten war. An der Brust des Hohenpriesters hingen Steine, im ganzen zwölf, und in ihrer Mitte waren Offenbarung und Wahrheit angebracht, dazu noch zwei andere Steine.[5] In geheimnisvoller Weise sollte dadurch der Chor der heiligen Apostel dargestellt werden, wie er im Kreise den Emmanuel umsteht, der die Offenbarung und Wahrheit ist; denn er

[1] Hebr. 1, 3. [2] Joh. 14, 9. [3] Ebd. 9, 35—37. [4] Deut. 33, 8 f.
[5] Vgl. Ex. 28, 6 ff.

hat uns die Wahrheit geoffenbart und dem Gottesdienste in Schatten und Vorbildern ein Ende gemacht.

19. Daß aber das eingeborene Wort Gottes unser Hoherpriester geworden ist, da es Mensch wurde, wie könnte das bezweifelt werden? Hat ja doch der göttliche Paulus geschrieben: „Achtet wohl auf den Apostel und Hohenpriester unseres Bekenntnisses, Jesus, der treu ist dem, der ihn bestellt hat!"[1] Dem Stande der Menschheit ist die Würde des Priestertums jedenfalls angemessen; zu gering, als daß sie mit der Natur und Herrlichkeit Gottes des Wortes vereinbar wäre, ist sie der Menschwerdung im Fleische durchaus entsprechend. Und alles Menschliche ist ihm zu eigen geworden. „Gebet", sagt also Moses, „Levi", das heißt dem Priester, „die Offenbarung und die Wahrheit!" Von welcher Art dieser Levi oder Priester ist, erklärt er dann durch den Zusatz „dem frommen Manne". Unser Herr Jesus Christus hat eben „keine Sünde getan",[2] weshalb Paulus von ihm schreibt: „Ein solcher Hoherpriester geziemte uns, fromm, unschuldig, unbefleckt, gesondert von den Sündern und höher geworden als die Himmel."[3] Ihn hat man versucht bei der Versuchung, hat man geschmäht bei dem Wasser der Empörung. O des Wunders! Einen Mann nennt er ihn, bezeichnet ihn aber sofort als den Gott, den Israel gereizt und versucht hat in der Wüste und bei dem Wasser der Empörung. Der Psalmensänger bestätigt es, indem er berichtet: „Er spaltete den Felsen in der Wüste und tränkte sie wie mit reicher Flut. Er brachte Wasser aus dem Felsen hervor und ließ Wasser gleich Strömen niederfließen."[4] Und was dann? „Und sie versuchten", heißt es, „ihn in ihren Herzen und redeten Böses wider Gott und sprachen: Kann etwa Gott einen Tisch decken in der Wüste? Er schlug den Felsen, und Wasser rannen, und Ströme brachen hervor; kann er etwa auch Brot geben oder einen Tisch decken seinem Volke?"[5] Verstehe

[1] Hebr. 3, 1 f. [2] 1 Petr. 2, 22. [3] Hebr. 7, 26. [4] Ps. 77, 15 f.
[5] Ebd. 77, 18—20.

also, wie sie den wundertätigen Gott, den Moses einen Mann nannte, geschmäht haben! So hat auch der göttliche Paulus den Bericht verstanden, da er schreibt: „Sie tranken nämlich aus dem begleitenden geistigen Felsen, der Fels aber war Christus."[1] Christus also war der geschmähte Mann, der, da er noch nicht Fleisch geworden war, von den Israeliten versucht wurde.

20. Denn daß der vor der Fleischwerdung existierende Sohn nicht, wie einige zu behaupten wagen, ein anderer als der aus dem Samen Davids geborene Mensch, sondern einer und derselbe mit diesem war, vor der Fleischwerdung noch nacktes Wort, nach der Geburt aus der heiligen Jungfrau Fleisch und Mensch geworden, wie die göttlichen Väter geschrieben haben, das hat Moses hinwieder durch ein anderes Kennzeichen außer Zweifel gestellt. Wie wenn jemand fragen würde und zu wissen wünschte, wer der Mann sei, der von den Israeliten versucht und geschmäht worden, streckt er gewissermaßen die Hand aus und weist mit dem Finger auf Jesus hin, indem er spricht: „Der, der zu Vater und Mutter sagte: Ich habe nicht auf dich gesehen, — und seine Brüder nicht anerkannte." Wir erinnern uns, daß einer der heiligen Evangelisten geschildert hat, wie Christus lehrte und einige Leute in die Geheimnisse einführte und nun seine Mutter und seine Brüder herbeikamen und einer von den Jüngern zu ihm lief und sagte: „Siehe, deine Mutter und deine Brüder stehen draußen und wollen dich sehen."[2] Da streckte er seine Hand gegen die Jünger aus und sprach: „Meine Mutter und meine Brüder sind die, die das Wort Gottes hören und tun. Denn wer immer den Willen meines Vaters tut, der im Himmel ist, der ist mir Bruder und Schwester und Mutter." Das ist es, glaube ich, was Moses gemeint hat, als er sagte: „Der zu Vater und Mutter sagte: ich habe nicht auf dich gesehen, — und seine Brüder nicht anerkannte."[3]

[1] 1 Kor. 10, 4. [2] Matth. 12, 46—50. [3] Deut. 33, 9.

21. Aber auch der allweise Daniel bezeugt, daß er das eingeborene Wort Gottes in unserer Hülle geschaut hat. Denn er erzählt, er habe einen Alten an Tagen gesehen, der auf einem Throne saß, während zehntausendmal Hunderttausende ihn umstanden und tausendmal Tausende ihm dienten; und nachdem er noch einiges beigefügt hat, fährt er fort: „Ich schaute in dem Gesichte der Nacht, und siehe, mit den Wolken des Himmels kam einer wie ein Menschensohn, und er gelangte bis zu dem Alten an Tagen und ward vor ihn gebracht, und es wurde ihm die Ehre und das Königtum verliehen, und alle Stämme und Zungen werden ihm dienen."[1] — Siehe, er hat wiederum klar und deutlich den Emmanuel zu dem Vater und Gott in den Himmel aufsteigen sehen; denn „eine Wolke hat ihn entrückt".[2] Er nennt ihn auch nicht einfach einen Menschen, sondern einen wie ein Menschensohn; denn das Wort war uns ähnlich gewordener Gott. In diesem Sinne sagt auch der allweise Paulus, er sei den Menschen ähnlich geworden und im Äußern als Mensch erfunden worden,[3] und er sei in Fleisch wie Sündenfleisch den Erdenbewohnern erschienen.[4] Wäre er jedoch ein Mensch, der seiner Verbundenheit mit Gott wegen wie Gott geehrt wird, so würde der Prophet gesagt haben, er habe einen wie Gott oder einen wie den Sohn Gottes mit den Wolken kommen sehen. Das hat er aber nicht gesagt, sondern vielmehr: einen wie ein Menschensohn. Er wußte also, daß der Sohn Gott war und Mensch geworden oder nach dem Ausdruck des Paulus den Menschen ähnlich geworden war. Wiewohl er indessen im Fleische erschienen war, „gelangte er bis zu dem Alten an Tagen", das heißt: stieg er hinauf zu dem Throne des ewigen Vaters, „und es wurde ihm die Ehre und das Königtum verliehen, und alle Stämme und Zungen werden ihm dienen." Das also war es, was er in die Bitte kleidete: „Vater, verherrliche mich mit der Herrlichkeit, die ich hatte, bevor die Welt war, bei dir."[5]

[1] Dan. 7, 13 f. [2] Apg. 1, 9. [3] Phil. 2, 7. [4] Röm. 8, 3. [5] Joh. 17, 5.

22. Daß aber das fleischgewordene Wort Gottes Throngenosse und auch im Fleische an Hoheit Gott und dem Vater gleich ist, weil es e i n Sohn ist, auch nachdem es Mensch geworden, das bezeugt unzweideutig der allweise Paulus, indem er schreibt: „Wir haben einen solchen Hohenpriester, der sich zur Rechten des Thrones der Majestät in der Höhe gesetzt hat."[1] Ja, auch unser Herr Jesus Christus selbst hat auf die Frage der Juden, ob er in Wahrheit der Christus sei, geantwortet: „Wenn ich es euch sage, so werdet ihr es nicht glauben, und wenn ich frage, so werdet ihr nicht antworten; von nun an aber wird der Menschensohn zur Rechten der Macht Gottes sitzen."[2] Der Chor der heiligen Propheten also schaute auch den menschgewordenen Sohn auf den Thronsesseln der Gottheit.

23. Sehen wir aber auch, was die Herolde des Neuen Bundes zu künden haben, die Lehrmeister des Erdkreises, zu denen Christus selbst gesagt hat: „Nicht ihr seid es, die da reden, sondern der Geist eures Vaters, der in euch redet."[3] Der göttliche Täufer also, finden wir, spricht: „Nach mir kommt ein Mann, welcher vor mir aufgetreten ist, weil er früher war als ich."[4] Wie kann nun aber der, der nach ihm kam, früher gewesen sein als er? Denn daß Christus der Zeit des Fleisches nach später war als Johannes, wird doch wohl niemandem unbekannt sein. Wer wird das also aufhellen wollen? Gelöst hat uns das Rätsel der Heiland selbst, indem er zu den Juden sagte: „Wahrlich, ich sage euch, ehe Abraham ward, bin ich."[5] Er war nämlich vor Abraham seiner Gottheit nach, ist aber nach ihm, insofern er als Mensch erschienen ist. Wenn ferner Gott und der Vater nachdrücklich erklärt: „Ich gebe meine Herrlichkeit keinem andern"[6] — denn es ist kein anderer Gott außer ihm —, so hat Christus zu uns gesagt: „Wenn aber der Menschensohn kommen wird in der Herrlich-

[1] Hebr. 8, 1. [2] Luk. 22,67—69. [3] Matth. 10, 20. [4] Joh. 1, 30. [5] Ebd. 8, 58. [6] Is. 42, 8.

keit seines Vaters mit den heiligen Engeln."[1] Daß wir aber die Herabkunft des Menschensohnes von den Himmeln zu erwarten haben, bezeugt wieder der allweise Paulus, der schreibt: „Denn die heilbringende Gnade Gottes ist allen Menschen erschienen, auf daß sie, der Gottlosigkeit und den weltlichen Begierden entsagend, nüchtern und gerecht und fromm und gottgefällig in dieser Welt leben, wartend auf die selige Hoffnung und das Erscheinen der Herrlichkeit unseres großen Gottes und Heilandes Jesus Christus."[2] Und anderswo hat er von den Israeliten gesagt: „Ihrer sind die Verheißungen und die Gesetzgebung und der Bundesvertrag, und aus ihnen ist dem Fleische nach Christus, der da über alles Gott ist, gepriesen in alle Ewigkeit. Amen."[3]

24. So behaupten wir denn, unverbrüchlich in den Spuren des Bekenntnisses der Väter wandelnd, daß der aus Gott dem Vater gezeugte eingeborene Sohn selbst Fleisch und Mensch geworden, gelitten hat und gestorben und am dritten Tage von den Toten auferstanden ist. Freilich ist das Wort Gottes, soweit es auf seine eigene Natur ankommt, anerkanntermaßen leidensunfähig; und niemand wird so töricht sein, zu meinen, daß die über alles erhabene Natur einem Leiden zugänglich sein könne. Allein er ist Mensch geworden, indem er das Fleisch aus der heiligen Jungfrau sich zu eigen machte; und im Hinblick auf die Menschwerdung lehren wir deshalb, daß er, als Gott allem Leiden entrückt, als Mensch in seinem Fleische gelitten hat. Ist er, da er Gott war, Mensch geworden, ohne etwas von der Gottheit aufzugeben, ist er ein Teil der Schöpfung geworden, aber über die Schöpfung erhaben geblieben, ist er, als Gott Gesetzgeber, dem Gesetze untertan geworden, aber doch noch Gesetzgeber gewesen, hat er, als Gott Herrscher, Knechtsgestalt angelegt, aber die Herrscherwürde unverlierbar beibehalten, ist er, da er Eingeborener war, „Erstgeborener un-

[1] Mark. 8, 38. [2] Tit. 2, 11—13. [3] Röm. 9, 4 f.

ter vielen Brüdern"[1] geworden, aber doch Eingeborener geblieben —, was Wunder, wenn er als Mensch im Fleische gelitten hat, aber auch so als Gott leidensunfähig gewesen ist!

25. Der allweise Paulus sagt denn auch, daß eben das Wort, das in der Gestalt Gottes und des Vaters und ihm gleich war, gehorsam geworden ist sogar bis zum Tode, ja bis zum Tode am Kreuze.[2] Und in einem andern seiner Briefe schreibt er von ihm: „Der da das Ebenbild des unsichtbaren Gottes ist, der Erstgeborene vor jeglichem Geschöpfe; denn in ihm ist alles erschaffen worden, was im Himmel und was auf Erden ist, und er ist vor allem, und in ihm hat alles Bestand; und er", heißt es, „ist der Kirche zum Haupt gegeben, und er ist der Erstling der Entschlafenen geworden und der Erstgeborene aus den Toten."[3] Gewiß ist das aus Gott und dem Vater stammende Wort Leben und Lebensspender, weil aus dem Leben dessen entsprossen, der ihn gezeugt hat. Wie kann er dann aber, darf man fragen, der Erstgeborene aus den Toten und der Erstling der Entschlafenen geworden sein? Da er das dem Tode zugängliche Fleisch sich zu eigen gemacht hatte, hat er „durch die Gnade Gottes", wie der allweise Paulus sagt, „für einen jeden den Tod gekostet",[4] weil er im Fleische leiden konnte, ohne daß er aufhörte, Leben zu sein. Wenngleich es also heißt, daß er im Fleische gelitten hat, so empfindet er das Leiden doch nicht in der Natur der Gottheit, sondern, wie ich eben sagte, in seinem dem Leiden zugänglichen Fleische.

26. Hat ja auch der selige Prophet Isaias, der wohl wußte, daß es der menschgewordene Gott war, welcher im Fleische litt, von ihm gesagt: „Wie ein Schaf ward er zur Schlachtung geführt, und wie ein unschuldiges Lamm, welches vor seinem Scherer verstummt, öffnet er nicht seinen Mund. In seiner Erniedrigung ward sein

[1] Röm. 8, 29. [2] Phil. 2, 8. [3] Kol. 1, 15—18; 1 Kor. 15, 20.
[4] Hebr. 2, 9.

Gericht hinweggerafft. Wer soll sein Geschlecht erzählen? Denn sein Leben wird hinweggenommen von der Erde."[1] Wäre er irgendein Mensch und würde nur wegen seiner Verbundenheit mit Gott als Sohn besonders ausgezeichnet, wie die Urheber der gottlosen Lehren behaupten, wie sollte es noch schwer sein, jemanden zu finden, der sein Geschlecht erzählen kann? Er ist ja geboren aus dem Samen Jesses und Davids. Aber das Geschlecht Gottes des Wortes oder die Art und Weise seiner Geburt, wer wird sie erklären können? „Denn sein Leben wird hinweggenommen von der Erde", das heißt sein Dasein, denn unter dem „Leben" ist das Dasein zu verstehen. Er wird in die Höhe entrückt und überragt nun die Erdenbewohner. Denn das Wesen der unaussprechlichen Natur ist menschlichem Verstande unerreichbar und völlig unnahbar.

27. Dem Gesagten möchte ich noch beifügen, daß „e i n Herr ist, e i n Glaube, e i n e Taufe", wie der hochheilige Paulus sagt.[2] Wenn nun e i n Herr ist, e i n Glaube und e i n e Taufe, wer ist der Herr, und an wen haben wir geglaubt, und auf wen sind wir getauft worden? Es spricht doch alles dafür, daß das aus Gott dem Vater entsprungene Wort es ist, dem die Herrschaft gebührt, dem unser Glaube gilt, und auf den auch die heilbringende Taufe vollzogen wird. Er hat ja den heiligen Aposteln den Auftrag gegeben: „Gehet hin und lehret alle Völker und taufet sie auf den Namen des Vaters und des Sohnes und des Heiligen Geistes."[3] Der göttliche Paulus aber spricht sich über die Herrlichkeit der Herrschaft sowohl wie das Bekenntnis des Glaubens und auch die Wirksamkeit der Taufe unzweideutig aus, indem er schreibt: „Sag' nicht in deinem Herzen: Wer wird hinaufsteigen in den Himmel, um nämlich Christus herabzuholen? Oder wer wird hinabsteigen in die Unterwelt, um nämlich Christus von den Toten heraufzuholen? Sondern was sagt die Schrift? Nahe bei dir

[1] Is. 53, 7 f. [2] Eph. 4, 5. [3] Matth. 28, 19.

ist das Wort, in deinem Munde und in deinem Herzen. Denn wenn du sagst: Herr Jesus, und mit deinem Herzen glaubst, daß Gott ihn von den Toten auferweckt hat, so wirst du gerettet werden."[1] Und wiederum: „Wißt ihr nicht, daß wir alle, die wir auf Christus Jesus getauft wurden, auf seinen Tod getauft wurden?"[2] Siehe, deutlich nimmt er die Herrlichkeit der Herrschaft sowohl wie das Bekenntnis des Glaubens und auch die Gnade der heiligen Taufe wohlweislich für den in Anspruch, der den Tod erlitten hat und von den Toten auferweckt worden ist.

28. Sollen wir nun an zwei Söhne glauben? Sollen wir das aus Gott dem Vater aufgestrahlte Wort beiseite schieben und die Herrlichkeit der Herrschaft und auch das Bekenntnis des Glaubens sowie die himmlische Taufe einem andern Sohne, der angeblich gelitten hat, zuweisen? So zu denken oder zu sprechen, wäre doch töricht und überdies auch unzweifelhaft gottlos. Was werden wir also sagen? Es ist in Wahrheit ein Herr, ein Glaube, eine Taufe. Denn es ist ein Sohn und Herr, nicht ein Wort, welches einen Menschen in Weise der Verbundenheit angenommen und zum Teilhaber seiner Würden gemacht und zum Sohne und Herrn erhoben hätte, wie einige Schwätzer behaupten und geschrieben haben, sondern der aus Gott entstammte Gott das Wort, das Licht vom Lichte, welches in eigener Person Mensch und Fleisch geworden ist. Auf seinen Tod sind wir getauft worden, indem er als Mensch in seinem Fleische für uns gelitten hat, während er als Gott leidensunfähig verblieben ist und immerdar lebt; denn er ist Leben aus dem Leben Gottes und des Vaters. So ist der Tod besiegt worden, da er es wagte, den Leib des Lebens anzugreifen; so wird auch in uns die Vergänglichkeit abgetan und die Gewalt des Todes gebrochen; daher sprach Christus: „Wahrlich, ich sage euch, wenn ihr nicht das

[1] Röm. 10, 6—9. [2] Ebd. 6, 3.

Fleisch des Menschensohnes eßt und sein Blut trinkt, so habt ihr das Leben nicht in euch."[1] Denn der heilige Leib und das Blut Christi ist lebenspendend. Es ist eben, wie gesagt, nicht der Leib eines Menschen, welcher an dem Leben teilhatte, sondern der eigene Leib dessen, der von Natur aus Leben ist, nämlich des Eingeborenen.

29. So denkt mit uns der christusliebende Chor der heiligen Väter, unter ihnen auch derjenige, welcher zur Zeit den Stuhl der heiligen Kirche zu Konstantinopel ziert, unser frömmster und gottesfürchtigster Bruder und Mitbischof Proklus. Er hat an die gottesfürchtigsten Bischöfe des Morgenlandes wörtlich wie folgt geschrieben: „Und der Körperlose wird ohne Verwandlung Fleisch, und der Anfanglose wird dem Fleische nach geboren, und der von Natur aus schlechthin Vollkommene macht dem Leibe nach an Alter Fortschritte, und der über Leiden Erhabene erduldet Leiden, nicht in dem, was er war, den Gewalttaten unterliegend, aber in dem, was er geworden ist, den Leiden des Leibes unterworfen."[2] — Damit wird also der Falschglaube der Leute, die anders, als vorhin gesagt, denken oder geschrieben haben, überführt, allenthalben an Verruchtheit zu kranken und den Lehren der Wahrheit zu widerstreiten.

30. Nachdem die dreimalseligen Väter die Lehre über Christus abgeschlossen haben, gedenken sie des Heiligen Geistes. Auch an ihn erklären sie zu glauben gleichwie an den Vater und den Sohn. Denn er ist wesenseins mit ihnen und entspringt oder geht aus wie aus einer Quelle aus Gott und dem Vater und wird der Schöpfung verliehen durch den Sohn. Dieser hauchte ja die heiligen Apostel an und sprach: „Empfanget den Heiligen Geist!"[3] Der Geist ist also aus Gott und ist

[1] Joh. 6, 54.

[2] Dieses Schreiben des Patriarchen Proklus ist, soviel bekannt, verlorengegangen; vgl. Migne, PP. Gr. 65, 887 f.

[3] Joh. 20, 22.

Gott und dem allerhöchsten Wesen nicht fremd, sondern aus ihm und in ihm und ihm eigen.

31. Das also ist der durchaus zutreffende und gänzlich irrtumslose Glaube oder das Glaubensbekenntnis der heiligen Väter. Aber, wie Paulus sagt: „Der Gott dieser Welt hat den Geist der Ungläubigen verblendet, daß sie nicht sehen das Leuchten des Evangeliums von der Herrlichkeit Christi."[1] So haben daher manche den geraden Weg der Wahrheit nicht gehen wollen und stoßen nun auf Felsen, „ohne zu verstehen, was sie reden, noch worüber sie Behauptungen aufstellen".[2] Indem sie nämlich die Herrlichkeit der Sohnschaft nur dem aus Gott entsprungenen Worte vorbehalten, behaupten sie, der aus dem Samen Jesses und Davids Geborene sei mit ihm als ein anderer Sohn verbunden worden und habe nur teil an der Sohnschaft und der göttlichen Ehre und der Einwohnung des Wortes und habe überhaupt alles von ihm erhalten, während er nichts Eigenes besitze. Solche Leute, denke ich, sind es, von denen die Jünger des Heilandes geschrieben haben: „Es haben sich nämlich gewisse Menschen eingeschlichen, die längst vorherbezeichnet sind zu diesem Strafgerichte, Gottlose, welche die Gnade Gottes verkehren zu Zügellosigkeit und Jesum Christum, unsern alleinigen Herrscher und Herrn, leugnen."[3] Jesus Christus wird mit Recht das in menschlicher Gestalt erschienene Wort genannt. Denn die Gegner, welche aus übergroßem Unverstande sich nicht scheuen, so wie Nestorius und Theodor[4] zu denken und zu sprechen, sollen antworten auf den Vorwurf: Ihr sprecht dem aus der heiligen Jungfrau Geborenen die Gottheit und die wahre Sohnschaft Gottes und des Vaters ab, indem ihr ihm lediglich das Leiden zuweist und ihn von Gott dem Worte trennt, um nicht von einem leidenden Gott sprechen zu müssen. Denn das sind die Erfindungen ihrer

[1] 2 Kor. 4, 4. [2] 1 Tim. 1, 7. [3] Jud. 4.
[4] Theodor von Mopsuestia

verstiegenen Spitzfindigkeit — abscheuliche Gedanken. Es würde also das aus Gott dem Vater entstammte Wort für sich allein auch nicht mehr Christus genannt werden dürfen. Denn wie ihm bei der Annahme, daß er nicht im Fleische sei, das Leiden nicht zugeeignet werden kann, so ist auch das Gesalbtwerden etwas, was ihm fern liegt und durchaus fremd ist. „Jesum von Nazareth hat Gott gesalbt mit dem Heiligen Geiste."[1] Das Wort Gottes aber ist aus sich schlechthin vollkommen und hat einer Salbung durch den Heiligen Geist nicht bedurft. Leugnet also die Menschwerdung, stellt die Liebe des Eingeborenen zu der Welt in Abrede, nennt ihn eurerseits nicht Christus. Oder war es nicht seiner unwürdig, in unsern Verhältnissen geboren zu werden? Weil also auch dies sich für ihn nicht schickte, so soll keiner bekennen, daß Gott Mensch geworden ist, damit Christus auch zu ihnen sage: „Ihr irrt, weil ihr weder die Schriften kennt noch die Macht Gottes."[2] Wir werden also diejenigen, die so haben denken wollen, als Feinde der Wahrheit ansehen und ihre verderbenbringenden Schwätzereien fliehen und vielmehr den Lehren der heiligen Väter folgen und der Überlieferung der heiligen Apostel und Evangelisten. Denn das menschgewordene Wort selbst war es, das in ihnen redete,[3] das Wort, durch welches und mit welchem Gott und dem Vater Ehre, Herrlichkeit und Herrschaft ist, mitsamt dem Heiligen Geiste, jetzt und immer und in alle Ewigkeiten! Amen.

[1] Apg. 10, 38. [2] Matth. 22, 29. [3] Vgl. 2 Kor. 13, 3.

Erläuterungen zum Autor und zum Text*

1. Persönlichkeit und Wirken Cyrills als Kirchenfürst und Theologe

Cyrill wurde als Sohn einer angesehenen Familie im ausgehenden vierten Jahrhundert in Alexandrien, der damaligen kulturellen Metropole des Vorderen Orients geboren. Er war ein Neffe des Patriarchen *Theophilus von Alexandrien* (385–412), der als unnachgiebiger Gegner und ungerechter Verfolger des *Johannes Chrysostomus* in die Kirchengeschichte eingegangen ist. Über Jugendjahre und Ausbildung Cyrills ist wenig bekannt; er soll einige Jahre bei den Mönchen und Einsiedlern der sketischen Wüste verbracht haben. Seit dieser Zeit hielt er eine besondere Beziehung zu den Mönchen aufrecht, deren Ideale er bewunderte und deren Unterstützung er für die Verteidigung seiner Position in den theologischen und kirchenpolitischen Auseinandersetzungen seiner Zeit brauchte. Seine zahlreichen theologischen Briefe an die Mönche beweisen das. Ohne Unterstützung des Mönchtums konnte man damals kein erfolgreicher Patriarch in Ägypten sein.

Im Jahre 403 nahm er als Begleiter seines Onkels Theophil an

* Die Darstellung fußt vor allem auf folgenden Studien: *O. Bardenhewer,* Des heiligen Kirchenlehrers Cyrillus von Alexandrien ausgewählte Schriften, München 1935, 11–20; *J. Liébaert,* Christologie. Von der Apostolischen Zeit bis zum Konzil von Chalzedon (451): *M. Schmaus–A. Grillmeier* (Hrsg.), Handbuch der Dogmengeschichte III, Fasz. Ia (Freiburg i. Br.–Basel–Wien 1965) 103–18, *A. Grillmeier,* Die theologische und sprachliche Vorbereitung der christologischen Formel von Chalkedon: *A. Grillmeier–H. Bacht* (Hrsg.), Das Konzil von Chalkedon I, Würzburg 1951, 5–202, bes. 59–64 sowie CamEph 15–83 und vor allem Wei Q IV 1, 13–20.

dessen Reise nach Konstantinopel teil. So wohnte er auch der sogenannten Eichensynode bei, die auf dem Landgut der Eiche bei Chalzedon stattfand und auf welcher der heiligmäßige Johannes Chrysostomus aufgrund infamer Machenschaften seiner Gegner – vor allem des Theophilus von Alexandrien, aber auch des *Akazius von Beröa,* des *Antiochus von Ptolemais,* des *Severian von Gabala* und anderer – als Patriarch von Konstantinopel abgesetzt und in die Verbannung nach Komana im Osten Kleinasiens geschickt wurde, wo er 407 verstarb. Cyrill vertrat in dieser Sache natürlicherweise die Position seines Onkels.
Als Theophilus am 15. Oktober 412 in Alexandrien starb, wurde der junge Cyrill schon am 17. Oktober – zwar nicht ohne konkurrierende Gegenkandidaten – zum Patriarchen von Alexandrien gewählt, ein Amt, das er bis zu seinem Tode am 27. Juni 444 innehatte. Seit dieser Zeit sprechen zeitgenössische Quellen öfter von ihm und berichten nicht nur Positives. Der etwas voreingenommene Kirchenhistoriker *Sokrates* beschreibt den alexandrinischen Patriarchen als unausgewogenen, cholerischen Typ, als herrschsüchtigen und rabbulistischen Kirchenfürsten, dessen Rücksichtslosigkeit besonders Minderheiten gegenüber auch von anderen Historikern verschiedener Provenienz berichtet wird. So ließ Cyrill die Kirchen der schismatischen Novatianer schließen und die Juden aus Alexandrien ausweisen. Die zahlreichen Streitigkeiten zwischen ihm und dem kaiserlichen Präfekten sind aktenkundig und führten des öfteren zu Beschwerden an den Kaiser. Daß Cyrill aber eine Mitschuld gehabt hätte am Tode der heidnischen, neuplatonischen Philosophin *Hypatia,* die im Jahre 415 vom aufgeputschten Pöbel in Alexandrien umgebracht wurde, konnte nicht bewiesen werden. Feststeht jedoch, daß der Patriarch – auch in theologischen Auseinandersetzungen mit Vertretern differierender Meinungen – oft ein überzogenes Feindbild konstruierte, um seine Auffassungen durchzusetzen, und dabei auch vor Bestechungen jeder Art oder Verunglimpfungen seiner Gegner – selbst Toten

gegenüber – nicht zurückschreckte. Man erinnere sich nur an seine Kampagne gegen *Diodor von Tarsus* und *Theodor von Mopsuestia*, die er erst einstellte, als ihm wohlgesonnene Theologen zu bedenken gaben, er solle die Toten ruhen lassen, die als Theologen im Osten auch lange nach ihrem Tod noch großes Ansehen genössen. Trotz dieser angedeuteten charakterlichen Unausgewogenheit stehen wir hier einer homogenen Persönlichkeit gegenüber, die alles einsetzte, um der Kirche zu dienen und der überlieferten Glaubenswahrheit, so wie sie von ihm verstanden wurde, zum Siege zu verhelfen. Cyrill scheute keine Mühe, mündlich oder schriftlich zu allen Fragen des Glaubens Stellung zu nehmen, besonders zu den Fragen, die Gegenstand der damaligen aktuellen theologischen Diskussion waren.

Kann man das vierte Jahrhundert als Zeitraum der Diskussionen und endgültigen Klärung des trinitarischen Dogmas ansehen, so galt die theologische Debatte im fünften Jahrhundert im wesentlichen der Analyse und endgültigen Formulierung des christologischen Dogmas. An dieser theologischen Entwicklung hatten alle Theologen Anteil, besonders aber die des Ostens. Die beiden großen theologischen Schulen des Orients, die von Alexandrien und die von Antiochien, oft kontrovers zueinander, waren die beiden Brennpunkte der theologischen Diskussion der damaligen Zeit. Wenngleich sprachliche, liturgische und frömmigkeitsgeschichtliche Unterschiede viel wichtiger sind für die spätere Sonderentwicklung der östlichen Kirche als rein dogmatische, so sind Konzilsentscheidungen und die ihnen vorausgehenden bzw. die sie begleitenden theologischen Diskussionen meist die greifbaren Ausgangspunkte derselben. In diesem Zusammenhang, d. h. in der Geschichte der Dogmenentwicklung des fünften Jahrhunderts, hat Cyrill wohl die größte Rolle gespielt und die Bedeutung der alexandrinischen Theologie zu einem nachher nicht mehr erreichten Höhepunkt geführt. In der Auseinandersetzung mit den christologischen Thesen des *Nestorius von Konstantinopel*, der der antiochenischen

Theologenschule entstammte, gewann Cyrill sein eigentliches Profil als Theologe.

Schon in der zweiten Hälfte des vierten Jahrhunderts war es um die Auffassungen des *Apollinaris von Laodizea,* daß der Sohn Gottes nur einen unbeseelten menschlichen Leib angenommen habe, während die Stelle der menschlichen Seele in Christus durch den göttlichen Logos ausgefüllt werde, zu heftigen Auseinandersetzungen gekommen. Besonders kappadozische und antiochenische Theologen, wie *Diodor von Tarsus* und *Theodor von Mopsuestia,* hatten sich in der Bekämpfung des Apollinarismus hervorgetan. Diese Theologen hatten dabei die Theorie von zwei verschiedenen Subjekten in Christus – einem menschlichen und einem göttlichen – vertreten: Es seien zwei Subjekte oder Personen in Christus zu unterscheiden, der vom Vater gezeugte Gottessohn und der aus der Jungfrau geborene Menschensohn. Damit wurde die stark diophysitische Ausrichtung der antiochenischen Christologie begründet. Diese Thesen wurden soweit ausgebaut und die Inkarnation wurde so verstanden, daß der göttliche Logos im Menschensohn wie in einem Tempel Wohnung genommen und sich mit ihm innig verbunden habe. Aufgrund dieser Verbundenheit mit dem Logos sei der Menschensohn im Laufe seines irdischen Lebens und Leidens durch seine völlige Unterwerfung unter den göttlichen Willen zu göttlicher Hoheit aufgestiegen. Da das höhere göttliche Subjekt das niedrige menschliche angenommen habe, könne man zwar auch von *einem* Christus und *einem* Sohn Gottes sprechen, in Wirklichkeit seien aber die Aussagen des Evangeliums über Jesus Christus auf zwei Subjekte zu verteilen: die Aussagen über Geburt, Leiden und Tod auf das menschliche, die Wunder etwa sowie die Auferstehung auf das göttliche.

Nestorius hatte sich zunächst in Antiochien als geistreicher Prediger einen Namen gemacht, sein Ruf war selbst bis in die Hauptstadt gedrungen. Am 10. April 428 wurde er auf Wunsch von Kaiser *Theodosius* zum Patriarchen von Konstantinopel ernannt. Seine Predigten stießen hier aber, im Umkreis einer anderen theologischen Tradition, schon bald auf heftigen Widerspruch. Da Nestorius bei seinen Gläubigen Reste des Heidentums wie des Apollinarismus zu entdekken glaubte, lehnte er den durch die Tradition belegten und seit der Zeit des Konzils von Nizäa gebräuchlichen Titel *theotokos,* »Gottesgebärerin« für die heilige Jungfrau ab und empfahl den Ausdruck *christotokos,* »Christusgebärerin«, um dadurch die beiden Naturen in Christus und ihre Eigenarten schärfer zu differenzieren, da sie nicht vermischt werden dürften: Gott könne nicht geboren werden, leiden und sterben. Nestorius folgte hier also den Überzeugungen der antiochenischen Schule, daß die beiden Naturen in Christus nebeneinander bestehen blieben, auch nach der Inkarnation, daher gebe es weder ein volles Eingehen des Logos in die menschliche Natur noch eine Vergottung des Menschen. Die nebeneinander bestehenden Naturen lebten in einer engen Berührung miteinander, seien aber nicht vermischt worden. Es habe sich also um eine Verbindung ohne Vermischung gehandelt. Die unvermischte Verbundenheit der beiden Naturen sei die gottgelenkte Grundlage für die Personeneinheit in Christus, hatte schon Theodor von Mopsuestia, einer der Altmeister der antiochenischen Schule, gelehrt. Bei der Übernahme dieser Theorien war es Nestorius allerdings nicht gelungen, die überlieferte Lehre vom Logos als dem präexistenten Sohn Gottes zu wahren. Wenngleich nicht alle Irrtümer, die die Gegner Nestorius anzuhängen versuchten, von ihm vertreten worden waren, bleibt bei allen modernen Rekonstruktions- und Verteidigungsversuchen festzuhalten, daß seine rationalistische Christologie unausgewogen und nicht durchdacht war. Der Irrtum des Nestorius nach Auffassung der kirchlichen Tradition bestand darin, daß er die Einheit der beiden Naturen nicht richtig erfaßt hatte und daher die aus dieser Einheit sich ergebende *communicatio idiomatum* (=Aussagenaustausch) leugnete. Dieser Terminus bedeutet, daß die göttlichen und menschlichen Eigenschaften und Handlungen Christi zwar jeweils der göttlichen bzw. menschlichen Natur Christi zugeschrieben werden können, aber nur von dem einen Subjekt, der einen Person Christi ausgesagt werden müssen, da die beiden Naturen nicht voneinander getrennt, sondern aufeinander bezogen sind und somit ihre Attribute wechselseitig austauschbar sind.

Die Verkündung der neuen Lehre, die die theologische Tradition Antiochiens überspitzte und verbog, war das Signal für den Zusammenstoß der beiden führenden theologischen Schulen der damaligen Zeit, Antiochiens und Alexandriens, mit allen kirchenpolitischen und kirchenrechtlichen Konsequenzen. Auf weitere Gründe nationaler, politischer und kirchenpolitischer Art, die für diese Auseinandersetzung von Bedeutung waren, soll in diesem Zusammenhang nicht eingegangen werden. Schon *Proklus von Cyzikus*, der spätere Patriarch von Konstantinopel, hatte im Jahre 429 die Gefahr kommen sehen und in Anwesenheit des Nestorius in einer Predigt in Konstantinopel den Titel »Gottesgebärerin« verteidigt[1].

Als der Streit sich verschärfte, lenkte Nestorius insoweit ein, daß er 429 erklärte, der Titel *theotokos* könne benutzt werden, wenn Maria zugleich auch *anthropotokos*, d. h. »die einen Menschen geboren hat«, genannt würde, und sagte: »Wer sich an der Bezeichnung ›theotokos‹ freut, sehe nur zu, daß die Jungfrau nicht zur Göttin gemacht werde«[2], ein Gedanke, der durchaus verständlich wird, wenn man bedenkt, daß in den zur damaligen Zeit nach wie vor blühenden Mysterienkulten der Ausdruck »Göttermutter« als Titel der Magna Mater Kybele zum Beispiel in Gebrauch war.

In Konstantinopel waren die Predigten des neuen Patriarchen

[1] ACO I,1,1,103–07.

[2] *F. Loofs*, Nestoriana. Die Fragmente des Nestorius, gesammelt, untersucht und herausgegeben, Halle a. d. Saale 1905, 353 (Fragment III).

unter Tumulten und Protesten der Kleriker und Laien zur Kenntnis genommen worden. Noch peinlicheres Aufsehen erregten sie in Alexandrien, wo sie in Abschriften bekannt wurden. Gerade hier, wo seit altersher der Primat des göttlichen Logos im Mittelpunkt der theologischen Spekulationen stand, mußte eine übertriebene diophysitische Erklärung des Christusgeheimnisses auf erbitterten Widerstand der ägyptischen Theologen stoßen. So nahm Cyrill im gerade fälligen Osterfestschreiben, in welchem die Patriarchen jährlich die Christen des Niltales zur würdigen Feier des Osterfestes aufriefen, zu den neuen Thesen Stellung, ohne aber Nestorius zu erwähnen[3]. Er verteidigte den Titel »Gottesgebärerin« und legte die Lehre von dem *einen* Christus dar, der zugleich Gott und Mensch ist. Derselbe, der vor und außerhalb aller Zeit von Gott Vater gezeugt sei, habe innerhalb der Zeit als Mensch aus der Jungfrau geboren werden wollen. Ein Rundschreiben mit ähnlichem Tenor schickte Cyrill an die ägyptischen Mönche.

Es folgte ein Briefwechsel zwischen Cyrill und Nestorius, der den Gegensatz nur noch verschärfte. Auf einen Brief Cyrills vom Spätsommer 429[4] antwortete Nestorius mit einigen arroganten und nichtssagenden Bemerkungen[5]. Auf einen längeren Brief des alexandrinischen Patriarchen vom Beginn des Jahres 430, der sogenannten »Epistula dogmatica«[6] (vgl. die Übersetzung S. 67), antwortete Nestorius am 15. Juni 430 ausführlicher, Cyrill heidnischer und apollinaristischer Ideen bezichtigend[7]. Schon vorher hatte er versucht, Papst *Cälestin* auf den neuen Häretiker Cyrill aufmerksam zu machen, der den Arianismus und Apollinarismus wieder einführen möchte. Auch Cyrill, der aber den Stand der Dinge genauer

[3] Homilia paschalis 17= PG 77,768C–89A.
[4] ACO I,1,1,23–25.
[5] ACO I,1,1 25.
[6] ACO I,1,1,25–28.
[7] ACO I,1,1,29–32.

umriß, bat den Papst um eine autoritative Stellungnahme[8]. Anfang August 430 veranstaltete dieser eine Synode in Rom, welche die Lehre Cyrills verteidigte und Nestorius aus der Kirchengemeinschaft ausschloß, wenn dieser nicht innerhalb von zehn Tagen nach Erhalt des päpstlichen Schreibens seine Thesen widerrufen würde. Dieses Schreiben vom 11. 8. 430[9] erging an Nestorius und die Theologen von Konstantinopel sowie an Cyrill und die herausragenden Theologen des Orients. Cyrill wurde vom Papst mit der Überwachung der Angelegenheit beauftragt, was ihm sehr gelegen kam, bot es ihm doch eine neue Gelegenheit, seine Stellung und die Alexandriens im Orient zu festigen. Er hatte Anfang November 430 eine Synode in Alexandrien abgehalten und Nestorius in einem dritten Brief mit zwölf Anathematismen ein Ultimatum gestellt (vgl. die Übersetzung S. 72)[10]. Noch bevor Nestorius die Briefe erhalten hatte, hatte der Kaiser am 19. November 430 zum Pfingstfest des kommenden Jahres (7. Juni 431) ein Konzil nach Ephesus einberufen[11], das über die Frage eine endgültige Entscheidung treffen sollte.

2. Cyrill und das Konzil von Ephesus (431)

Im Konzil von Ephesus, in dem Cyrill von Alexandrien die Hauptrolle spielen sollte, ging es nicht nur um die Rivalität zwischen den verschiedenen orientalischen Patriarchaten, die alle tonangebend sein wollten, oder zwischen zwei verschieden gearteten Theologenschulen, sondern vor allem um eine Auseinandersetzung zwischen zwei grundsätzlich verschiedenen theologischen Positionen, einer sich intellektuell selbst genügenden, rein rationalistisch-analytischen Theologie,

[8] ACO I,1,5,10–12.
[9] ACO I,2,7–12.
[10] ACO I,1,1,33–42.
[11] ACO I,1,1,114–16.

verkörpert in der Person des Nestorius, und einer zwar mehr traditionell bewahrenden, dafür aber ganzheitlichen und fideistischen Position, die durchaus auch auf philosophische Argumente zurückgreifen konnte. Cyrill, der sich in der langen Kontinuität berühmter ägyptischer Theologen wußte, war der Verteidiger einer solchen Theologie, die nicht nur Vertreter in Alexandrien und Ägypten hatte, sondern ebenso in Antiochien, Kleinasien, Palästina und Armenien und sowohl der spirituellen Auffassung der Mönche mit ihrem mehr mystischen und fideistischen Akzent als auch der philosophischen Spekulation entgegenkam und für weitere Entwicklungen offenstand. Es sollte zwar nicht bestritten werden, daß der Rückgriff auf die Tradition und der Väterbeweis eine wichtige Funktion in dieser Theologie hatten. Trotzdem kann man der Ansicht *H. von Campenhausens* nicht ganz folgen, wenn er Cyrill zum ersten byzantinischen Scholastiker erklärt[12], für den es – streng genommen – keine theologische Entwicklung mehr gäbe, sondern nur eine neue Interpretation der Tradition.

Aber kommen wir nun zum Konzilsablauf und zu den sich anschließenden Ereignissen. Bestrebt, das schwebende Verfahren zu seinen Gunsten zu entscheiden, traf Nestorius als erster mit 16 Bischöfen und zahlreichen kaiserlichen Soldaten und Beamten in Ephesus ein. Kaiser Theodosius, der selbst nicht kommen konnte, wurde durch den kaiserlichen Comes domesticorum *Candidian* vertreten. Cyrill kam mit etwa 50 Bischöfen kurz vor Pfingsten an, *Juvenal von Jerusalem* soll mit den palästinensischen Bischöfen am 12. Juni eingetroffen sein. Erzbischof *Memnon von Ephesus* war mit 40 Suffraganbischöfen und zwölf Bischöfen aus Pamphylien vertreten. Patriarch *Johannes von Antiochien* war zwar um Pfingsten in der Gegend von Ephesus, bat aber Cyrill, der den Konzilvorsitz führen sollte, in einem kurzen, freundlichen Schreiben,

[12] Die griechischen Kirchenväter, Stuttgart ^{6}1982, 163.

mit der Konzilseröffnung noch einige Tage zu warten[13]: Er werde in etwa fünf Tagen mit seinen Bischöfen erscheinen. Als Johannes nach mehr als zwei Wochen – wahrscheinlich aus taktischen Gründen – noch nicht erschienen war, wollte man mit dem Beginn des Konzils nicht länger warten, und Cyrill eröffnete gegen den Protest des kaiserlichen Beamten am 22. Juni in Anwesenheit von 160 Teilnehmern (159 Bischöfe und ein Diakon) das Konzil. Die Zahl der Teilnehmer wuchs im Laufe des Tages auf über 200 an, da sich auch 20 asiatische Bischöfe zur Teilnahme entschlossen. Nestorius, der sich nach wie vor in Ephesus aufhielt, war durch Delegationen mehrfach aufgefordert worden zu erscheinen, lehnte aber mit dem Hinweis ab, er werde erst dann kommen, wenn die Zahl der Konzilsteilnehmer vollständig sei.

Juvenal von Jerusalem gab das Thema dieser entscheidenden Eröffnungssitzung an: Was mit den Aussagen des Konzils von Nizäa (325) übereinstimme, solle angenommen, was sich davon unterscheide, verworfen werden. So wurde also zunächst das Symbol des Konzils von Nizäa verlesen und dann – auf Vorschlag des Protonotars *Petrus von Alexandrien* – der zweite Brief des Cyrill an Nestorius, die sogenannte »Epistula dogmatica« (vgl. die Übersetzung S. 67). Cyrill erhob sich nach der Verlesung und bat die Konzilsväter, ihr Votum abzugeben. Die Konzilsväter erklärten sich nacheinander für die innere Einheit der beiden Dokumente. Nur wenige Glaubensdokumente der Inkarnationslehre sind in einer so feierlichen Weise gutgeheißen worden. Auf Vorschlag des Juvenal wurde auch der Antwortbrief des Nestorius verlesen, und die Väter gaben auf die Frage, ob der Brief mit dem Symbol von Nizäa übereinstimme, ein negatives Votum ab. Das Konzil verkündete also keine Definition, weder über die verteidigte Lehre noch über die verurteilte Häresie. Der verurteilte Nestorius-Brief enthielt die Ablehnung des Titels »Gottesgebärerin«, die sich wiederum auf

[13] ACO I,1,1,119.

eine Leugnung der *communicatio idiomatum* stützte. Die folgenden Jahrhunderte haben mit Recht das hervorstechende Ergebnis des Konzils in der Bestätigung des Glaubens an die Gottesmutterschaft Marias und an die Einheit Christi gesehen: »Das war das Dogma von Ephesus, das also auch jenes von Nikaia war. Göttliches Leben beim Vater, Herabkunft auf die Erde, Fleischwerdung und Menschsein müssen von ein und demselben Subjekt ausgesagt werden.«[14] Auf derselben Sitzung wurde auch der dritte Brief Cyrills mit den Anathematismen verlesen (vgl. die Übersetzung S. 72) und wie der Brief des Papstes und das von *Flavian von Philippi* verlesene patristische Florilegium, das in späteren koptischen, arabischen und äthiopischen Sammlungen eine Rolle spielen sollte, als Glaubensdokument in die Acta eingereiht. Auch Auszüge aus den Schriften des Nestorius wurden verlesen, wobei die anwesenden Konzilsväter zu dem Entschluß kamen, daß Nestorius abgesetzt und verurteilt werden müsse. Nachdem *Theodotus von Ancyra* und *Akazius von Melitene*, frühere Freunde des Nestorius, die mit ihm noch in den vorangegangenen Tagen zusammengekommen waren und versucht hatten, ihn umzustimmen, auf Befragung nun zugeben mußten, daß ihre Versuche leider erfolglos geblieben waren, wurde Nestorius für schuldig befunden und jeder kirchlichen Würde enthoben. Der Text der Kathairesis war nur kurz und wurde sofort von 198 Konzilsvätern unterschrieben, denen sich später noch andere anschlossen[15]. Nach Cyrill und Juvenal unterzeichneten als bedeutende Konzilsväter *Flavian von Philippi, Firmus von Cäsarea, Memnon von Ephesus, Theodotus von Ancyra, Akazius von Melitene* und andere bekannte Theologen. Auch die christliche Bevölkerung von Ephesus nahm regen Anteil am Konzilsgeschehen.

[14] *Grillmeier* (s. o., Anm.*) 163.

[15] ACO I,1,2,54; S. 55–64 folgen die Unterschriften der Konzilsväter.

Die ersten Schwierigkeiten ergaben sich bereits am 26./27. Juni, als *Johannes von Antiochien* mit 43 Bischöfen in Ephesus ankam, durch die Partei um Nestorius einseitig informiert und von den kaiserlichen Beamten und Soldaten an einer Kontaktaufnahme mit Cyrill und der Konzilsmehrheit gehindert, sofort eine Sondersynode – aus 43 Bischöfen bestehend – eröffnete, die sich der am 22. Juni vereinten Synode widersetzte und über Cyrill und Memnon die Absetzung aussprach. Eine Deputation von Mitgliedern der Konzilsmehrheit hatte zwar kurz mit Johannes Kontakt aufnehmen können, wurde dann aber von den Soldaten geschlagen und fortgejagt.

Der Kaiser wurde inzwischen im Sinne der Gruppe um Johannes von Antiochien über den Fortgang der Synode einseitig unterrichtet. Obwohl schon einige Bischöfe von den Antiochenern zu Cyrill übergewechselt waren, so daß nur noch 37 Bischöfe die antiochenische Gruppe bildeten, und obwohl sich Johannes von Antiochien nicht mit der Lehre des Nestorius identifizierte, glaubte er, dem Angriff auf die antiochenische theologische Tradition entgegentreten zu müssen, zumal der dritte Brief Cyrills an Nestorius an manchen Stellen theologisch unausgereifte Formulierungen enthielt, die in die Richtung des *Apollinaris von Laodizea* wiesen. So erwähnt Cyrill darin auch wieder die Formel von der einen Hypostase des fleischgewordenen Logos, die nach seiner Meinung von *Athanasius* kam, tatsächlich aber von Apollinaris stammte. Auch war eine Priorität des Logosbegriffes in der theologischen Redeweise Cyrills nicht zu leugnen. Die orientalischen Bischöfe forderten eine Verurteilung der Ansichten des alexandrinischen Patriarchen.

Durch ein über den kaiserlichen Magistrian *Palladius* nach Konstantinopel überbrachtes Schreiben gelang es Cyrill endlich, am 1. Juli den Kaiser aus seiner Sicht über die Konzilsvorgänge aufzuklären. Cyrill beklagt sich darin unter anderem darüber, daß Johannes erst 21 Tage nach dem für den Konzilsbeginn festgesetzten Termin gekommen sei und die

Mehrheit der Konzilsteilnehmer, die aus viel weiter gelegenen Landstrichen angereist waren, bewußt hingehalten habe und daß er aus Freundschaft den Nestorius, der bereits abgesetzt sei, in Schutz nehme[16].
Am 10. Juli fand die zweite und am 11. Juli die dritte Sitzung der Konzilsmehrheit statt. Mittlerweile waren die päpstlichen Legaten, die Bischöfe *Arcadius* und *Projectus* und der Presbyter *Philippus*, der unter ihnen die Hauptrolle spielte, am Konzilsort eingetroffen. Ein Brief des Papstes *Cälestin* wurde verlesen, in dem Cyrill und das Konzil aufgefordert wurden, im Sinne des Apostels Johannes, dessen Reliquien man in der Stadt Ephesus doch verehre, über den althergebrachten Glauben zu wachen und keine Neuerungen zuzulassen[17]. Die päpstlichen Legaten hatten ferner in der Sitzung vom 11. Juli in feierlicher Weise das dogmatische Ergebnis des Konzils und die Absetzung des Nestorius bestätigt, was der Konzilsmehrheit neuen Auftrieb gab.
Die Lage am Konzilsort spitzte sich aber zu: Am 16. Juli hielt die Konzilsmehrheit die vierte Sitzung in der Marienkirche ab. Die Minorität um Johannes von Antiochien hatte aber die kaiserlichen Beamten und Soldaten auf ihrer Seite, und Kaiser Theodosius, von Anfang an gegen den ehrgeizigen Cyrill eingenommen, wollte seinen Patriarchen Nestorius nicht ohne weiteres fallen lassen. Das schon zu Anfang von Johannes von Antiochien und seinem Kreis ausgesprochene Amtsentsetzungsurteil über Cyrill und Memnon wurde von der Konzilsmehrheit für ungültig erklärt, und nach vergeblichen Versuchen, mit Johannes in Kontakt zu kommen, wurden dieser und sein »Conciliabulum« exkommuniziert und von jeder geistlichen Jurisdiktion suspendiert. Das geschah auf der fünften Sitzung der Konzilsmehrheit am 17. Juli, nach-

[16] I,1,3,10–13. Vgl. den inhaltlich ganz ähnlichen Brief der Konzilsmehrheit unter Cyrill an *Johannes von Antiochien* im Anhang dieses Bandes (S. 154f.)

[17] ACO I,2,22–24 (die griech. Übersetzung liegt vor in: ACO I,1,3,55–57).

dem jede der beiden Seiten erfolglos versucht hatte, der anderen durch Legaten die Exkommunikationsurkunde zustellen zu lassen. Am 22. Juli fand eine sechste Sitzung der Konzilsmehrheit statt, die – wie auch vermutlich eine siebte Sitzung am 31. Juli – kanonische Fragen regelte.

Als Anfang August der kaiserliche Bevollmächtigte *Johannes* nach Ephesus kam, war allen klar, daß eine Krise unmittelbar bevorstand. Der schwache Kaiser, der keiner Partei den Vorzug geben wollte, ließ durch ihn Nestorius, aber auch Cyrill und Memnon verhaften. Von diesem Zeitpunkt an führte *Juvenal von Jerusalem* das Konzil weiter. Ende August schickten beide Parteien je acht Abgeordnete zum Kaiser, der mit den Gruppen getrennt vom 11. September an in Chalzedon verhandelte. Die Vertreter der »orthodoxen« Seite waren die päpstlichen Legaten *Philippus* und *Arcadius* sowie *Juvenal, Flavian von Philippi, Firmus von Cäsarea, Theodotus von Ancyra, Akazius von Melitene* und *Euoptius;* diese hatten bisher fast immer in derselben Reihenfolge die Konzilsakten unterschrieben. Unter den Abgeordneten der anderen Seite ragen *Johannes von Antiochien, Theodoret von Cyrus* und *Paulus von Emesa,* der später die Friedensverhandlungen führen sollte, hervor. Nach längeren Diskussionen ging der Kaiser, wohl auf Betreiben seiner Schwester *Pulcheria,* auf die Seite von Cyrill über, das Konzil wurde aufgelöst, Cyrill und Memnon in Freiheit gesetzt, die Bischöfe endlich nach Hause entlassen und Nestorius in ein Kloster verwiesen. Am 25. Oktober wurde *Maximian* als neuer Patriarch von Konstantinopel geweiht und inthronisiert.

Die Spaltung zwischen den orientalischen Bischöfen und Cyrill mit den übrigen Bischöfen hielt an. Die Antiochener verharrten in der Parteinahme für Nestorius und widersprachen der Lehre Cyrills, die nach ihrer Ansicht die beiden Naturen in Christus vermische oder die menschliche Natur zu sehr beeinträchtige. Nach einigen aufklärenden Briefen des alexandrinischen Patriarchen, der jetzt jede Art von

Arianismus und Apollinarismus sowie jede Vermengung und Vermischung der Naturen verwarf, entschlossen sich die antiochenischen Bischöfe, auch auf Betreiben des Kaisers und des Johannes von Antiochien, die Hand zum Friedensschluß zu reichen.

Paulus von Emesa wurde als Beauftragter der Antiochener nach Alexandrien gesandt, um die Verhandlungen zu führen und dem Patriarchen von Alexandrien einen Brief des Johannes von Antiochien zu übermitteln (vgl. die Übersetzung S. 151–154). In ihm war eine symbolartige Formel enthalten, die wahrscheinlich von Theodoret von Cyrus stammte und schon auf dem Konzil der antiochenischen Gruppe vorgelegen hatte, wegen der Konzilswirren der Konzilsmehrheit jedoch nicht mitgeteilt werden konnte. Diese Formel wird deshalb auch »Ephesinisches Symbol« genannt. Zusammen mit dem Symbol von Nizäa und dem zweiten Brief Cyrills an Nestorius wurde diese Formel, der Cyrill rückhaltlos zustimmte und die er in sein Antwortschreiben an Johannes von Antiochien aufnahm, zu einem der grundlegenden Dokumente für das Konzil von Chalzedon (451)[18], das unter anderem auch wegen des Fehlens einer dogmatischen Definition auf dem Konzil von Ephesus notwendig werden sollte. Cyrill hatte nicht zuletzt das Unionssymbol auch deshalb unterzeichnet, weil man auf antiochenischer Seite seinem Wunsch nach einer Erklärung der Absetzung des Nestorius und einer Anathematisierung seiner Lehren nachgekommen war. Damit war das Schisma in aller Form behoben.

3. Cyrills Schriften

Cyrill, der hauptsächlich durch den Kampf gegen Nestorius bekannt wurde, sein Profil als Theologe gewann und gerade in dieser Konfrontation die alexandrinische Theologie und

[18] Grillmeier (s. o., Anm.*) 164.

Christologie weiterentwickeln konnte, vor allem durch sein eindeutiges Bekenntnis zur Existenz der Seele Christi, wodurch die einseitige Logos-Theologie auf alexandrinischem Boden endgültig überwunden wurde, hat nichtsdestoweniger auch auf anderen theologischen Gebieten Außerordentliches geleistet. Er ist eine der großen Gestalten der altchristlichen Literaturgeschichte. Obwohl viele seiner Schriften im Laufe der Zeit verlorengegangen sind, füllt sein literarischer Nachlaß, dessen Überlieferung sich durch außerordentliche Reinheit auszeichnet, noch zehn Bände der ›Patrologia Graeca‹ (PG 68–77). Einige Lücken der griechischen Überlieferung lassen sich immerhin durch alte lateinische, syrische, äthiopische und armenische Übersetzungen schließen. Schon zu Lebzeiten Cyrills haben so berühmte Übersetzer wie *Marius Mercator* oder der Syrer *Rabbula von Edessa* Werke des Alexandriners übersetzt.

– Ein großer Teil der cyrillischen Werke sind exegetische *Schriften zum Alten und Neuen Testament.* Obwohl Cyrill als Bibelerklärer, der sich mit den philologischen und historischen Problemen des Textes auseinanderzusetzen hat, weniger geleistet hat, da er der alexandrinischen Tradition seit *Origenes* folgte und mehr den mystisch-esoterischen Schriftsinn betonte, sind auch diese Schriften Ausdruck der damaligen theologischen Situation. So geht er z. B. bei der Erklärung von Genesis, Kap. 14, auf die Melchisedech-Spekulationen ein, die schon seit dem dritten Jahrhundert im Orient, vor allem in Mönchskreisen, zirkulierten und zu Zeiten Cyrills fast zur Bildung einer Sondersekte geführt hätten. Die Erklärung biblischer Texte weist oft apologetische Züge auf und muß im Zusammenhang mit der Diskussion um häretische Auffassungen gesehen werden.

– *Die dogmatisch-polemischen Schriften* lassen sich in wenigstens vier Gruppen unterteilen: 1. Schriften gegen den Arianismus aus den Jahren vor der nestorianischen Krise, wo vielfach schon seit der Zeit des Athanasius gebräuchliche Argumente benutzt werden, 2. Schriften gegen den Nestorianismus, die wegen der geschilderten Auseinandersetzungen am berühmtesten wurden. Es sind vor allem die drei Denkschriften über den rechten Glauben, der schon im Altertum berühmte Dialog »Daß Christus einer ist«, der Apologetikus an den Kaiser, in der Cyrill sein Verhalten auf dem Konzil rechtfertigt, die Schrift gegen Diodor und Theodor aus dem Jahre 438, dem Jahre des Streites um den »Tomus ad Armenios« des *Proklus von Konstantinopel* und andere, 3. Schriften gegen verschiedene Häresien, 4. Die Schrift gegen Kaiser *Julian, den Apostaten.* Diese Schriften – wie die zahlreichen dogmatisch bedeutsamen Briefe an Adressaten im gesamten Orient und Okzident, etwa 90 an der Zahl – haben den Ruf Cyrills als herausragenden Theologen des fünften Jahrhunderts begründet.

– Zu erwähnen sind auch die *Osterfestbriefe und Homilien.* Die Osterfestbriefe der Jahre 414–420 sind glücklicherweise alle erhalten. Sie sind normalerweise moral-praktischen Inhalts, geben aber neben ihrer theologischen Tiefe in der Erklärung des Festgeheimnisses auch Einblicke in die damalige Situation der Christenheit des Nillandes. Sie waren mit besonderer Sorgfalt ausgearbeitet, obwohl Cyrill zu Beginn einiger dieser Rundschreiben betont, daß er nicht den Glanz attischer Diktion anstrebe. Ebenso ausgefeilt sind viele seiner Homilien, von denen der größte Teil leider verlorengegangen ist, selbst wenn manche Predigten noch in orientalischen Übersetzungen vorliegen. Freilich können diese Homilien stilistisch nicht mit den mystagogischen Homilien des *Cyrill von Jerusalem* oder mit den berühmten Kanzelreden des *Gregor von Nazianz,* des *Gregor von Nyssa* oder des *Johannes Chrysostomus* verglichen werden.

Überhaupt fällt auf, daß die Sprache Cyrills nicht sehr anziehend ist. Der geräuschvolle, fast barocke Stil wirkt weitschweifig und ermüdend, die Argumentation ist überladen, es häufen sich unnötige Wiederholungen. Cyrill liebt lange Perioden und rhetorische Fragen. Gegenüber diesen Mängeln des Stils kann der alexandrinische Patriarch aber mit messer-

scharfer Dialektik und kunstvoll aufgebautem Gedankenspiel aufwarten und vermag seine wie des Gegners Argumentation klar und präzise voneinander abzugrenzen, ja geradezu den Gegensatz der Positionen auf die Spitze zu treiben. In den dogmatischen, besonders in den antinestorianischen Schriften ist die Fülle und Tiefe der Gedanken zu bewundern. Der durch diese Schriften begründete Erfolg als dogmatischer Theologe ist aber nicht nur darin zu suchen, daß er sich bewußt auf den Boden der kirchlichen Tradition stellte und sich in Verbindung mit den vor ihm aufgetretenen Vätern sah – in erster Linie mit Athanasius, aber auch mit den drei großen Kappadoziern –, sondern auch daß er ohne eine Berufung auf eine philosophische Autorität die dogmatische Spekulation weiter vorantrieb und in der Auseinandersetzung mit anderen Theologien zu seiner ureigenen Leistung auf dem Gebiet der Dogmenentwicklung fand.
Deshalb erklärt *A. Adam* mit Recht: »Die theologische Folgerichtigkeit lag auf seiten Cyrills: denn wenn der Geist Gottes als personhafte Macht geglaubt wird, wie es nach dem Abschluß des trinitarischen Dogmas vorausgesetzt werden mußte, dann ist auch die Erfüllung eines Menschen durch den Geist Gottes anders zu beurteilen als nach den Kategorien der frühchristlichen Epoche, die bei den Antiochenern vorwalteten. Die Gesamtanschauung Cyrills kam vom Apollinarismus her, hat ihn aber mit dem Ernstnehmen der trinitarischen Schlußentscheidung am wichtigsten Punkte weitergeführt und daher ohne Bruch die begriffliche Vollständigkeit und schöpfungsgemäße Ganzheit der Menschennatur anerkennen lassen, so daß sie eine tiefere und stärker begründete Einheit gewonnen hat. Dieses Urteil über den Rang der cyrillischen Theologie bleibt unabhängig von der Bewertung seiner berechnenden und rücksichtslosen Kirchenpolitik bestehen«[19].

[19] *A. Adam,* Lehrbuch der Dogmengeschichte Bd. 1, Die Zeit der alten Kirche, Gütersloh ^{2}1970, 328.

4. Die vorliegende Textauswahl

Wie aus dem bisher Dargestellten klar geworden sein dürfte, beruht die kirchengeschichtliche Bedeutung des alexandrinischen Patriarchen hauptsächlich auf seinen Leistungen in der Weiterentwicklung der Christologie und auf der Rolle, die er in den christologischen Auseinandersetzungen gespielt hat. Deswegen ist hier eine Auswahl aus den christologischen, antinestorianischen Schriften angezeigt. Den verschiedenen, von Cyrill verwendeten literarischen Genera ist insofern Rechnung getragen, als die vorliegende Auswahl eine theologische Denkschrift, drei theologische Briefe und eine dogmatische Explikation des wichtigsten, in der damaligen Kirche gebrauchten Glaubenssymbols enthält. Letzteres Werk gibt auch einen Einblick in das literarische Schaffen Cyrills auf dem Gebiet der Trinitätslehre, auf dem der »Thesaurus de sancta et consubstantiali trinitate« sowie »De sancta et consubstantiali trinitate« seine wichtigsten Werke sind.

a) Das Memorandum »Über den rechten Glauben« an Theodosius II.

Im Jahre 430 richtete Cyrill drei theologische Denkschriften über den rechten Glauben an das Kaiserhaus in Konstantinopel, um der Beeinflussung des Hofes durch Nestorius entgegenzuwirken. Die erste Schrift »Über den rechten Glauben« war an Kaiser *Theodosius II.* selbst, die zweite an die jüngeren Schwestern des Kaisers *Arkadia* und *Marina*, die dritte an *Eudokia*, die Gattin des Kaisers, und *Pulcheria*, seine ältere Schwester, gerichtet. Die Dedikation getrennter theologischer Denkschriften brachte Cyrill den Tadel ein, er wolle in der kaiserlichen Familie Zwietracht stiften[20]. In Wirklichkeit stand Pulcheria wohl damals schon auf seiten Cyrills.
In den ersten fünf Kapiteln seiner Darlegung legt Cyrill die

[20] ACO I,1,1,73f.

Verantwortung und Pflichten dar, die der Kaiser dem Glauben gegenüber zu erfüllen hat, und führt aus der alttestamentlichen Geschichte Herrscher an, die nicht dem rechten Glauben folgten und gestürzt sind.

Dogmengeschichtlich bedeutsam ist das sechste Kapitel, das in knapper Form die bis zum Jahre 430 aufgetretenen christologischen Häresien beschreibt: Es werden an erster Stelle die *Doketen* erwähnt, für die die Inkarnation nur zum Schein geschah, also nur eine Erscheinung des göttlichen Logos auf Erden war. Es folgt die Beschreibung einer merkwürdigen Gruppe, die schon zu Zeiten Cyrills nicht mehr existiert haben dürfte. Cyrill scheint die Beschreibung von seiner großen theologischen Autorität Athanasius übernommen zu haben. Denn Athanasius hatte zu dieser Gruppe auf Bitten des Bischof *Epiktet von Korinth* Stellung genommen, der in seiner Diözese Probleme zu haben schien. Sie lehrten, der aus Maria stammende Leib sei der göttlichen Natur wesensgleich, denn der Logos sei in Knochen, Nerven und Fleisch verwandelt worden. Hier klingen wahrscheinlich noch Einflüsse bestimmter griechischer Mysterienreligionen an. Diese Auffassung, die räumlich und zeitlich begrenzt war, ist nur von theologiegeschichtlicher Bedeutung.

Als dritte häretische Meinung wird die der *Ebioniten* angegangen, die die Präexistenz des göttlichen Logos leugneten, der erst zur Zeit seiner Inkarnation ins Dasein getreten sei.

Als vierte häterische Meinung wird die der Bischöfe *Marcellus von Ancyra* (gest. um 374) und des *Photinus von Sirmium* (gest. 375), der ein Schüler des ersten war, angeführt: Der göttliche Logos sei nichts Persönliches gewesen.

Als fünfte Häresie wird ausführlich die Meinung des *Apollinaris von Laodizea* dargelegt: Der göttliche Logos habe bei der Inkarnation nur einen unbeseelten menschlichen Leib von der Jungfrau genommen und den Platz der Seele selbst ausgefüllt. Dann folgt die Charakterisierung der oben erwähnten nestorianischen Thesen.

Im siebten und achten Kapitel legt Cyrill mit Hilfe von

Schriftstellen dar, daß es keine Erlösung gegeben hätte, wenn die Doketen im Recht wären. Ebenso argumentiert er in Kapitel 9–15 mit den Aussagen der Heiligen Schrift in spekulativer Weise gegen die Thesen der anderen Häretiker. In Kapitel 16–24 geht Cyrill ausführlicher auf die Lehre des Apollinaris ein, die ja noch in den Diskussionen in Ephesus eine große Rolle spielten, denn Cyrills Christologie wurde von seinen Gegnern ja als apollinaristisch empfunden und bezeichnet. Wahr ist, daß die Einheit der Christusgestalt bei Cyrill im Vordergrund stand. Ebenso wichtig war für Cyrill die folgerichtige Überlegung, daß bei einer falschen Interpretation des Christusgeheimnisses die gesamte Lehre von der Erlösung, einer der Zentralpunkte des Christentums, zusammenbrechen würde. Er hat den Satz von Athanasius »Der Logos ist Mensch geworden – er ist nicht in einen Menschen gekommen« wiederholt und erweiternd am Beispiel der Passion interpretiert: Die Seele Christi hat gelitten, aber der Logos, der das Leiden wahrnahm, hat es angenommen, wie er alles der menschlichen Natur Zugehörige angenommen hat. »Die theologische Folgerichtigkeit dieser Anerkennung der menschlichen Art Jesu Christi zugleich mit dem Festhalten an der Inkarnation des Logos hat es ermöglicht, daß die Christologie Cyrills in einer viel breiteren Form die Begründung für die Soteriologie hergab als es bei Athanasius der Fall war... In der Christologie Cyrills aber war die Anthtropologie des normalen Christen zugrunde gelegt, in der eine ständige Annahme des Menschlichen durch den Geist Gottes vorausgesetzt war. Es war daher nicht zu verwundern, daß diese Christologie auf die Gemeinden gewirkt hat und sowohl gegenüber den überspitzten Formulierungen des Apollinaris als auch gegenüber den rationalistischen Flachheiten des Nestorius als gemeinchristliche und gemeindebildende Lehre empfunden worden ist. Die römischen Theologen haben das sofort gespürt und sich insofern folgerichtig mit Cyrill verbunden; seine Christologie hatte die

Zukunft für sich, weil sie die Einheit in Christus allen Begriffsunterscheidungen voranstellte.«[21]
Cyrill war deshalb so engagiert in der Verteidigung der Einheit des Christusgeheimnisses, weil er klar erkannt hatte, daß ohne diesen Glauben an den Gottmenschen als einzigen Vermittler zwischen dieser und der anderen Welt das Christentum seiner Essenz beraubt wäre. Genau das ist aber auch die für unsere Zeit aktuelle Aussage der cyrillischen Theologie, die vielen rein rationalistischen und demythologisierenden Theologien von heute weit überlegen ist.
Zudem müssen für Cyrill Dogma und Kerygma übereinstimmen. Wenn man also zwanzig Kapitel hindurch (Kapitel 25–45) liest, wie Cyrill in sehr engagierter, absolut erschöpfender Weise alle möglichen Argumente gegen die nestorianischen Thesen, die in der Form nicht alle die Thesen des Nestorius gewesen sind, ausbreitet und mit mehr oder weniger signifikanten Schriftstellen ausschmückt, wird einem klar, daß die nestorianische Herausforderung eigentlich nur der Anreiz für den Autor war, eine umfassende, dem damaligen Zeitgeschmack entsprechende und zugleich lebendige, solide und leicht verständliche Darstellung der Lehre über Christus zu bieten, mit der auch der weniger geschulte Leser etwas anfangen konnte. Der moderne westliche Leser darf nicht den heutigen exegetischen Maßstab an die Schriftstellenzitation anlegen, er darf sich auch nicht über die vielen Wiederholungen wundern, die typisch für den Orient, auch den heutigen Orient, sind, auch darüber, daß oft wichtige Punkte der theologischen Argumentation mit völlig lateralen Punkten zusammen aufgeführt werden. Er muß sich bewußt bleiben, daß er die Schrift eines orientalischen Autors des fünften Jahrhunderts in Händen hat, wo andere Gesetze der literarischen Gestaltung galten. Eine solche Schrift ganz oder teilweise zu lesen, ist in jedem Fall

[21] *Adam* (s. Anm. 19), 328f.

reizvoll, zu sehen, wie ein führender Christ und Theologe die Mitchristen seiner Zeit anspricht, aufklärt und sie für ihr Christsein motiviert und vor allem, welchen Zugang er zu den zentralen Themen des Christentums aufweist.

b) Die ökumenischen Briefe

Leichter faßlich und verdaulich für den modernen Leser sind Cyrills theologische Briefe, weil sie erstens in knapper und präziser Form die theologischen Probleme behandeln und zweitens durch ihren direkten Stil, in dem der Gegner oder Partner angesprochen wird, einen Hauch von Aktualität und Frische vermitteln. Der Leser wird also unmittelbar in die damalige Situation und Diskussion mit einbezogen und erfährt, daß das Handeln der auftretenden Personen dem heutiger Christen zumindest nicht unähnlich ist.

– *Der zweite Brief Cyrills an Nestorius* vom Januar oder Februar 430 ist insofern bedeutsam, da er zusammen mit dem nizänischen Glaubensbekenntnis das grundlegende Glaubensdokument auf dem Konzil von Ephesus war (s. S. 130). Dieser Brief, die sogenannte »Epistula dogmatica«, der sich auf das Konzil von Nizäa und dessen Symbol bezieht, besticht durch Kürze, Klarheit und Formschönheit. Nach einer kurzen, persönlichen Einleitung geht der Autor direkt auf die theologische Frage ein. Im Anschluß an die wichtigsten Aussagen des nizänischen Symbols entwickelt Cyrill seine Christologie: Unter Ablehnung gewisser christologischer Irrtümer betont Cyrill die Einheit der beiden Naturen in Christus. Die menschliche Natur, d. h. ein vollkommener Mensch mit Leib und Seele ist mit dem präexistenten göttlichen Logos vereinigt worden. Eine Aufteilung in zwei Christusgestalten ist nicht statthaft. Cyrill führt als wichtige Schriftstellen Joh 1, 14 und Hebr 2, 14 an; er bezieht sich auf die Theologen vor ihm und verteidigt aufgrund des Aussagenaustausches den Titel »Gottesgebärerin«. Zum Schluß beschwört er Nestorius um der Einheit und des Friedens der Kirchen willen, so zu lehren.

– *Der dritte Brief Cyrills* vom November 430 an Nestorius ist ausführlicher und zeigt eine Zunahme der Spannung zwischen den Parteien an. Cyrill ist nun in einer besseren Verhandlungsposition, da Papst *Cälestin I.* mit seiner römischen Synode sich mit der Auffassung des Alexandriners gegen Nestorius verbunden hat. Nestorius, obwohl Patriarch der oströmischen Hauptstadt, wird bereits der Ausschluß aus der Kirchengemeinschaft angedroht. Nach der Zitation des nizänischen Glaubensbekenntnisses mit dem abschließenden Anathem folgt eine nochmalige Darlegung der orthodoxen Christologie. Der nestorianische Ausdruck »Verbundenheit« (συνάφεια) für die Verbindung der beiden Naturen in Christus wird abgelehnt, statt dessen schlägt Cyrill den Begriff »Einigung« (ἕνωσις) vor. Er widerlegt im folgenden einige Auszüge einer Nestorius-Predigt[22], die vom annehmenden göttlichen Logos und vom angenommenen Menschen sprechen und lehnt die Akzentuierung der Zweiheit ab. Er führt signifikante Schriftstellen für seine Argumentation an. Den Brief beschließen zwölf Anathematismen, d. h. Irrtümer, die Nestorius zu widerrufen habe; Cyrill stellt ihm also ein Ultimatum. Gerade diese Anathematismen enthalten aber theologisch unausgereifte Formulierungen, wegen derer Cyrill später mit Recht von den antiochenischen Theologen getadelt wird. Cyrill war nicht empfindsam genug, die Unzulänglichkeit der von ihm gebrauchten Termini zu erkennen. Er gebrauchte unterschiedslos die Begriffe »Natur« und »Person« (φύσις und ὑπόστασις). Nachdem durch *Basilius* für die Trinitätslehre diese Begriffe schon besetzt worden waren (μία φύσις, τρεῖς ὑποστάσεις), wagte man nicht, von »einer Hypostase« (μία ὑπόστασις) in der Christologie zu reden. Erst auf dem Konzil von Chalzedon (451) wurde hier begriffliche Klarheit geschaffen. Man sprach dann von »zwei

22 *Loofs* (s. Anm. 2), 262.

Naturen« (δύο φύσεις), die »zu einer Person und zu einer Hypostase« (εἰς ἓν πρόσωπον καὶ μίαν ὑπόστασιν) vereinigt sind.

– *Der Friedensbrief an Johannes von Antiochien* beendet das während des Konzils von Ephesus ausgelöste Schisma. Er datiert vom März 433 und ist eine Antwort auf einen Brief des antiochenischen Patriarchen. In ihm hatte dieser Cyrill eine theologische Kompromißformel unterbreitet, die von *Theodoret von Cyrus* erarbeitet worden war. Dieser Formel stimmte Cyrill rückhaltlos zu. Damit war der Streit zwischen Antiochien und Alexandrien vorerst geschlichtet. Cyrill benutzt nochmals diese Gelegenheit, um den Theotokos-Titel zu verteidigen, spricht von der einen Person des Gottmenschen und stellt sich bewußt in die Folge des *Athanasius*, eines seiner berühmten Vorgänger in Alexandrien. Der Brief ist ein Beweis, daß Cyrill durchaus auch zu Kompromissen fähig war. Zum besseren Verständnis der Situation, zwei Jahre nach dem Konzil, sind der Brief des Johannes von Antiochien an Cyrill und die homiletische Einleitung vor der Verlesung der beiden Briefe in Alexandrien durch Cyrill im Anhang beigefügt[23].

c) Die Erklärung des nizänischen Glaubensbekenntnisses

Die vorliegende Explikation des nizänischen Symbols dürfte um 438 verfaßt sein, ist an befreundete Mönche gerichtet und wird zu den theologischen Briefen gerechnet. In der Einleitung wird der Konzilien in Nizäa und Ephesus gedacht. In den ersten drei Abschnitten anerkennt Cyrill das Streben nach der Erkenntnis der göttlichen Wahrheiten, das sich auf die Lektüre der heiligen Schrift stützt. Im vierten Abschnitt geht er auf das Konzil von Nizäa ein, das durch sein Symbol gleichsam die Basis für den christlichen Glauben geschaffen

[23] Vgl. S. 150–154.

habe. Er spielt auch auf die Legende an, daß Christus selbst, in der Gestalt eines Bischofs, dort auf dem Konzil anwesend gewesen sei, da man trotz der eingetragenen 317 Konzilsmitglieder oft 318 gezählt habe[24].

– Im fünften Abschnitt erwähnt er das Konzil von Ephesus, das notwendig geworden sei wegen der Falschinterpretation des nizänischen Symbols durch Nestorius und andere; im sechsten legt Cyrill die Intention der vorliegenden Schrift dar, das Symbol im Zusammenhang mit der bisherigen Vätertheologie zu erklären. Der siebte Abschnitt ist der Text des Symbols mit dem ihm angefügten Anathematismus.

– In den Abschnitten 8–12 bietet Cyrill eine Fülle tiefer Gedanken zum trinitarischen Geheimnis. Er weist nach, daß die Begriffe ›Vater‹ und ›Sohn‹ bipolar, d.h. aufeinander bezogen sind und der eine ohne den andern nicht gedacht werden kann und beide gleicher Natur und gleichen Wesens sind.

– Den größten Raum der Darstellung (Abschnitt 13–29) nimmt die Interpretation des Christusgeheimnisses, d.h. der Inkarnation als der Entäußerung des göttlichen Logos (gemäß Phil 2,6–8) ein. Er beschreibt genau, wie die Inkarnation zu verstehen ist. Als Erklärungsmodelle und Argumente dienen viele Stellen des Alten und des Neuen Testaments; hier ist vor allem die Daniel-Vision (Dan 7,13ff.) zu erwähnen. Obwohl Nestorius und seine Auffassungen kurz erwähnt werden, hat die vorliegende Schrift keine polemischen oder apologetischen Züge – wie solche aus der Zeit des Konzils –, sondern ist eine abgeklärte, wohlproportionierte Interpretation des Glaubenssymbols aus der letzten Lebensperiode Cyrills.

– In Abschnitt 29 zeigt der Autor, daß er mit den christologischen Auffassungen des *Proklus von Konstantinopel*

[24] Vgl. eine äthiopische Version der Legende in: *B. M. Weischer*, Die äthiopischen Psalmen- und Qērlosfragmente in Erevan/Armenien: Oriens Christianus 53 (1969) S. 143f. (Text) und S. 153 Übersetzung.

(Patriarch von 434–446) konform geht, und zitiert aus einem Schreiben desselben. Der antithetische Stil des Proklus fällt sofort auf, denn ähnliche Gedanken äußert dieser in seinen Homilien und im bekannten »Tomus ad Armenios«[25]. Daß Cyrill ihn erwähnt, dürfte darauf hinweisen, daß die Vermittlung des Proklus in den theologischen Diskussionen des Jahres 438 von Cyrill akzeptiert wurde.
– Abschnitt 30 geht auf die Lehre vom Heiligen Geist ein, wobei zu bemerken ist, daß die vom Konzil von Konstantinopel (381) verabschiedete Kompromißformulierung (den Mazedonianern gegenüber) bezüglich der Gottheit des Heiligen Geistes Cyrill wahrscheinlich nicht mehr bekannt war. Er spricht klar von der Wesenseinheit des Geistes mit Vater und Sohn. Im letzten Abschnitt beschwört Cyrill nochmals die Macht des rechten Glaubens.

25 Der Auszug ist dem Sinn nach aus dem »Tomus ad Armenios« (vgl. den Text ACO IV,2,189,27–190,3) oder aus einer anderen Homilie. Derselbe Auszug in arabischer und äthiopischer Version bei Wei Q IV 2,S.126f. (Abschnitt 9), dort einer Proklos-Homilie mit dem Titel »Über den Glauben« zugeschrieben.

Bemerkungen zur Übersetzung

Die Übersetzung der vorliegenden Texte wurde vom Altmeister der Patristik *Otto Bardenhewer* in hohem Alter vor nunmehr fünfzig Jahren vorgenommen und darf in ihrer reichen Wortwahl und Vielfältigkeit als gelungene Wiedergabe des griechischen Originals angesehen werden, das seinerseits – wie bereits oben angemerkt – in seinem zum Teil geräuschvollen, überladenen Stil und seiner Weitschweifigkeit, besonders in den längeren theologischen Denkschriften, nicht immer leicht zu lesen ist. Gerade die barocken, für unseren heutigen Zeitgeschmack teilweise geschraubten Formulierungen – man denke allein an die bombastisch klingenden Epitheta für die zitierten Autoritäten – sind genau wiedergegeben. Die Übersetzung ist insgesamt korrekt und elegant und ist selbst dort, wo sie sich gewisse Freiheiten erlaubt, nicht zu verbessern, deswegen sind im folgenden nur wenige Bemerkungen zum Text bzw. zur Übersetzung gemacht[26]. Sie beziehen sich auf den griechischen Text, der durch neue Handschriftenfunde bzw. durch Erschließung äthiopischer Handschriften verbessert werden konnte. Einige Textverbesserungen, die in der Übersetzung nicht ins Gewicht fallen würden, sind nicht angemerkt.

33, 6. Z. v. o.: Es muß heißen: »Jungfrau und Gottesgebärerin«, da der ursprüngliche griechische Text διὰ τῆς ἁγίας ⟨καὶ⟩ θεοτόκου παρθένου γεγεννημένον gelautet hat. *E. Schwartz,* der καὶ θεοτόκου in Klammern gesetzt hat, beruft sich für seine Omission auf Cyrills späteren 8. Dialog mit

[26] Die Angaben zu den einzelnen Bemerkungen zur Übersetzung (vgl. die Vermerke am Rand der Texte durch *) sind wie folgt zu verstehen: 33, 6. Z. v. o. = Seite 33 dieses Bandes, 6. Zeile von oben (v. u. = von unten).

Hermias (vgl. ACO I,1,1, 53,29). Der äthiopische Text, der auf einem fast 700 Jahre älteren griechischen Text fußt als dem heute bekannten, hat hier ebenfalls »Gottesgebärerin« (vgl. Wei Q I, 104, Zeile 16). Die Textverbesserung wurde schon von *H. Diepen,* Aux origines de l'anthropologie de saint Cyrille d'Alexandrie, Brügge 1957, 94, gefordert.

60, 10. Z. v. u.: Es muß ebenfalls heißen »Jungfrau und Gottesgebärerin«, d.h. im griechischen Text muß ⟨καὶ⟩ ϑεοτόκου eingefügt werden, da es im älteren Text gestanden hat, wie der äthiopische Text beweist (vgl. Wei Q I, 172, Zeile 9); vgl. dazu den Text von *E. Schwartz* (ACO I,1,1, 69,26).

Anhang

Um den Brief Cyrills an Johannes (oben S. 86ff.), der ein Antwortschreiben darstellt, besser zu verstehen, ist das Anschreiben des Johannes von Antiochien an Cyrill hier beigefügt (Übersetzung: P. Th. Camelot, Ephesus und Chalcedon: G. Dumeige und H. Bacht (Hrsg.), Geschichte der ökumenischen Konzilien II, Mainz 1963, 244–246). Vorangestellt ist die Kurzhomilie bzw. homiletische Einleitung zur Verlesung beider Briefe durch Cyrill in Alexandrien. Der Text folgt der äthiopischen Version, die sich vom griechischen Text nur geringfügig unterscheidet. (Ausgabe und Übersetzung: B. M. Weischer, Qērellos IV 1: Homilien und Briefe zum Konzil von Ephesos, Wiesbaden 1979, 142–145).

1. Homiletische Einleitung Cyrills

Homilie des heiligen Cyrillus, des Patriarchen von Alexandrien, die er in der Kirche Johannes' des Täufers gehalten hat am 23. April 433, am Sonntag, an dem sich die Kirchen des Orients mit Alexandrien und mit denen überall vereinigten. Diejenigen, die in rechter Gottesverehrung leben und genaue Kenntnis der heiligen Schriften haben, nennt der Prophet »Land der Sehnsucht«, wenn er sagt: »Ihr aber seid das Land der Sehnsucht, sagt Gott, der Allherrscher; und euch preisen alle Völker glücklich«[1]. Das Land der Sehnsucht aber ist das, welches von jeder Art Früchte und Nahrung gebiert und hervorbringt. Und von solcher Art ist jede gerechte und Gott liebende Seele, die für sich als Ackerbauer und Sämann den

[1] Mal 3,12.

Heiland aller, Christus, annimmt, der in uns die Erkenntnis der heiligen Schrift aufleuchten läßt.
Aber der Feind aller, das ist der Satan, läßt denen, die säen, zu seiner Zeit inmitten des Getreides das Unkraut hervorsprießen[2]. Allein, wenn sie [= Unkraut und Weizen] aufgewachsen sind, wird es [= das Unkraut] ausgerissen, und der Garten wird rein; denn von jeder Kirche wurde der sündige Nestorius ausgerissen, in Wahrheit das bittere Unkraut des Teufels.
Es sind aber alle Bischöfe der ganzen Welt vereinigt, indem sie den rechten und einen Glauben glauben. So stimmen die Kirchen, die bei uns und in aller Welt und auch die im Orient sind, überein. Die Bischöfe glauben den rechten, makellosen Glauben. Was mir aber der ehrwürdige Bischof von Antiochien, Johannes, schrieb und was ich ihm geschrieben habe, höret in der Kraft Gottes!

2. Brief des Johannes von Antiochien an Cyrill (Anfang 433)

Seinem Amtsbruder, dem frommen und heiligen Bischof Cyrill, sagt Johannes Gruß im Herrn.
Vor nicht langer Zeit haben unsere allerchristlichsten Kaiser in einer Verfügung verordnet, daß sich in der Metropole Ephesus um der Sache der Kirche und des wahren Glaubens willen ein Konzil der gottesfürchtigen Bischöfe versammeln möchte. Wir haben uns in diese Stadt begeben und sind wieder abgereist, ohne daß wir uns dort treffen konnten. Was die Gründe dieser Meinungsverschiedenheiten anbelangt, so brauchen wir in diesen Friedenszeiten nicht näher darauf einzugehen. Dadurch kam es aber in der Kirche zu schweren Streitigkeiten. Deswegen mußte jeder sich ganz besonders darum bemühen, daß jegliche Zwietracht beseitigt würde und

[2] Vgl. Mt 13,38.

man sich wieder versöhnte. Die allerchristlichsten und christusliebenden Kaiser beschlossen, daß dies so sein solle, damit sich die Kirchen Christi wieder vereinigten. Und darum sandten sie Seine Gnaden, den Tribun und Sekretär Aristolaus mit einem frommen Brief zu uns. Darin wurden wir ermahnt, uns künftig wieder einig zu sein, die Ärgernisse zu beseitigen und jegliche Verwirrung und Beleidigung aus der Welt zu schaffen.

Im Gehorsam gegenüber diesem frommen Brief haben wir sogleich und unmittelbar Seine Gnaden, den Bischof Paulus geschickt. Dies gefiel auch unserem ehrwürdigen Vater, dem Bischof Akazius, und den anderen frommen Bischöfen, die bei uns weilen. Wir haben diesen Weg gewählt, damit es schneller geht; denn es war ja nicht möglich, daß wir zusammenkamen, um von Angesicht zu Angesicht die Befehle unserer allerchristlichen Kaiser auszuführen. Wir haben ihm [das heißt Paulus] daher geboten, an unserer Statt zu handeln und für uns und in unserem Namen alles Nötige zu veranlassen, damit Friede geschlossen werde. Denn dies ist unser oberstes Ziel. Auch soll er Euer Hochwürden die Darlegung überreichen, die wir einhellig über die Menschwerdung unseres Herrn Jesus Christus abgefaßt haben. Wir haben sie Euer Hochwürden durch den oben genannten frommen Mann übersandt. Sie lautet folgendermaßen:

Wie wir aber notwendigermaßen über die jungfräuliche Gottesgebärerin [Theotokos] und über die Art und Weise der Menschwerdung des eingeborenen Sohnes Gottes denken und reden, möchten wir in Kürze darlegen. Dabei wollen wir nicht etwa von der Hauptsache abschweifen, sondern Euch Klarheit geben über unsere volle Überzeugung, wie wir sie von Anfang an aus den heiligen Schriften und aus der Überlieferung der heiligen Väter erhalten haben. Und es soll nicht das geringste zu dem Glauben hinzugefügt werden, den die heiligen Väter in Nizäa dargelegt und bekannt haben. Denn wie wir soeben gesagt haben, genügt dies durchaus für die Erkenntnis des wahren Glaubens und zur Widerlegung jeglicher bösen Lehre der Häretiker. Wir werden aber sprechen, ohne uns an Dinge heranzuwagen, die für uns nicht erreichbar sind, vielmehr unser eigenes Unvermögen eingestehen und denen eine Absage erteilen, die sich uns entgegenstellen wollen, wo wir uns mit dem befassen, was den menschlichen Bereich überragt.

Wir bekennen also, daß unser Herr Jesus Christus, der eingeborene Sohn Gottes, vollkommener Gott und vollkommener Mensch ist mit einer Vernunftseele und einem Leib. Er ist von Ewigkeit her vom Vater gezeugt der Gottheit nach. Am Ende der Tage aber ist derselbe Christus für uns und um unseres Heiles willen der Menschheit nach geboren worden aus Maria der Jungfrau. Er ist wesensgleich mit dem Vater der Gottheit und wesensgleich mit uns der Menschheit nach. Es hat nämlich eine Vereinigung beider Naturen stattgefunden, und deshalb bekennen wir einen Christus, einen Sohn, einen Herrn. Wegen dieser Vereinigung ohne Vermischung bekennen wir, daß die heilige Jungfrau Gottesgebärerin [Theotokos] ist, weil das göttliche Wort Fleisch und Mensch geworden ist und schon von der Empfängnis an den aus ihr genommenen Tempel mit sich selbst vereinigt hat. Wir wissen, daß von den Worten der Evangelien und der Apostel über den Herrn von den Theologen die einen unterschiedslos [für beide Naturen] gebraucht werden, weil sie sich auf die eine Person [prosopon] beziehen, die anderen aber genau unterschieden werden, weil sie von den zwei Naturen sprechen. Dabei gelten diejenigen, die Gott angemessen sind, von der Gottheit Christi, die anderen hingegen, die von seiner Erniedrigung sprechen, von der Menschheit.

Nach der Annahme dieses Glaubensbekenntnisses hat es uns gefallen, jegliche Streitigkeit zu beenden, den allgemeinen Frieden in der heiligen Kirche zu befestigen und alle Ärgernisse zu beseitigen, die gegeben worden waren. Darum wollten auch wir die Absetzung des Nestorius gutheißen, der Bischof von Konstantinopel gewesen war. Wir verurteilen seine eitlen und gottlosen Lehren, weil unsere Kirchen den

rechten und gesunden Glauben vertreten, ihn bewahren und den Völkern verkünden, wie es auch Eure Heiligkeit tut. Ebenso billigen wir die Weihe des hochheiligen und gottesfürchtigen Maximianus, des Bischofs der heiligen Kirche Gottes von Konstantinopel, und stehen in Gemeinschaft mit allen gottesfürchtigen Bischöfen der ganzen bewohnten Erde, soweit sie den rechten und untadeligen Glauben bewahren.
Lebe wohl und bete für uns, gottesfürchtiger und hochheiliger Herr und mein wahrer Bruder.

Es folgt der Brief der Konzilsmehrheit an Johannes von Antiochien, der wahrscheinlich von Cyrill oder unter seinem Einfluß verfaßt wurde und dem S. 132f. erwähnten Schreiben an den Kaiser ähnelt. Er ist im griechischen Original verlorengegangen und nur in äthiopischer Version erhalten[3]; er sei hier abgedruckt.

3. Der Brief der versammelten Synode, den alle Bischöfe an Johannes, den Bischof von Antiochien, geschrieben haben.

Die heilige ökumenische versammelte Synode an den ehrwürdigen Bischof Johannes von Antiochien.
Unsere ehrwürdigen und gütigen Kaiser haben durch ihren ehrwürdigen Befehl geboten, daß wer nicht zum Termin gekommen ist, den sie für diese heilige Versammlung der Synode festgesetzt haben – und das nicht nur einmal –, weder bei Gott noch den Menschen Vergebung findet. Und da es sich so verhält, sollte Deine Frömmigkeit sowohl den Befehl beachten als auch sich schämen angesichts der Übernahme der Mühen durch die Bischöfe der heiligen versammelten

[3] Der Brief wurde vom Bearbeiter erstmals herausgegeben und übersetzt: *B. M. Weischer* (Hrsg.), Qērellos IV 1: Homilien und Briefe zum Konzil von Ephesos, Wiesbaden 1979, 138–141.

Synode. Du solltest zum festgesetzten Termin gekommen sein, wobei der Termin – die Zeit zum Kommen – völlig ausreichend war, nicht nur für die aus Antiochien, sondern auch für die aus Ägypten und für die aus Rom und sogar für die, die zu uns aus dem hohen Palästina gar vor dem festgesetzten Termin gekommen sind.

Du aber, da Du es nicht getan hast, wolltest die heilige Synode in Unruhe versetzen, noch dazu nimmst Du den Häretiker Nestorius in Schutz. Der Abstand, nach dem Du gekommen bist, beträgt 21 Tage nach dem festgesetzten Termin[4]. Was die heilige Synode betreffs Nestorius durchgeführt hat, erklären wir für richtig. Und nachdem die heilige Synode das Notwendige im Auftrag der Kaiser festgesetzt hat, hast Du gewagt, die Beschlüsse, die die Synode im Auftrag der Kaiser gefaßt hat, anzugreifen. Und Du hast Worte geschrieben und veröffentlicht, in denen Du die heilige ökumenische Synode und den Befehl der Kaiser geschmäht hast. Du hast auch ein Zusammengehen mit der heiligen Synode zurückgewiesen. Du bist selber sogar dabei verblieben, nicht aufzuhören, Anklage gegen uns zu erheben. Nun aber hast Du, wie Du weißt, mit dieser heiligen Synode keine Gemeinschaft, bis Du die Heilung willst. Warum bist Du so hochmütig in Deinen Handlungen? Und nicht nur Du hast keine Gemeinschaft mit der heiligen ökumenischen Synode, sondern dazu alle, die mit Dir sind, die in Schutz nehmen, was der Abgesetzte [= Nestorius] in Verkehrtheit lehrt; denn er hat Verderben gesät für den Glauben der Kirchen überall.

[4] Der eigentliche Konzilstermin war der 7. 6., d. h. man hätte am 6. 6. am Konzilsort eintreffen müssen. Johannes von Antiochien kam erst am 27. 6. an, also genau 21 Tage später.

Literatur-Hinweise
(mit Abkürzungen)

1. Ausgaben:

J. P. Migne (ed.), Patrologiae cursus completus. Series Graeca, Paris 1857–66, Vol 68–77(Abk.: PG)

E. Schwartz (ed.), Acta Conciliorum Oecumenicorum, Berlin–Leipzig 1927–44 (Abk.: ACO)

Ph. E. Pusey (ed.), Sancti Patris nostri Cyrilli Archiepiscopi Alexandrini De recta fide ad imperatorem…, Oxford 1877 (Nachdruck Bruxelles 1965)

Ph. E. Pusey (ed.), Sancti Patris nostri Cyrilli Archiepiscopi Alexandrini Epistolae tres oecumenicae…, Oxford 1877 (Nachdruck Bruxelles 1965)

G. M. de Durand (Hrsg.), Cyrille d'Alexandrie: Deux dialogues christologiques (Sources chrétiennes 97), Paris 1964 (Griech. Textausgabe und franz. Übersetzung)

B. M. Weischer (Hrsg.), Qērellos I: Der Prosphonetikos »Über den rechten Glauben« des Kyrillos von Alexandrien an Theodosios II. (Afrikanistische Forschungen 7), Glückstadt 1973 (Abk.: Wei Q I)

B. M. Weischer (Hrsg.), Qērellos III: Der Dialog »Daß Christus einer ist« des Kyrillos von Alexandrien, Qērellos IV 1: Homilien und Briefe zum Konzil von Ephesos, Qērellos IV 2: Traktate des Epiphanios von Zypern und des Proklos von Kyzikos, Qērellos IV 3: Traktate des Severianos von Gabala, Gregorios Thaumaturgos und Kyrillos von Alexandrien (Äthiopistische Forschungen 2,4,6,7), Wiesbaden 1977, 1979, 1979, 1980 (Abk.: Wei Q III,IV 1–3) (Äthiopische Textausgabe und deutsche Übersetzung)

2. Studien:

P.-Th. Camelot, Ephesus und Chalcedon: *G. Dumeige und H. Bacht* (Hrsg.), Geschichte der ökumenischen Konzilien II, Mainz 1963 (Abk.: CamEph)
H. M. Diepen, Aux origines de l'anthropologie de Saint Cyrille d'Alexandrie, Brügge 1957
A. Eberle, Die Mariologie des hl. Cyrillus von Alexandrien, Freiburg i. Br. 1921
E. Weigl, Die Heilslehre des heiligen Cyrill von Alexandrien, Mainz 1905
Für die zahlreichen, bis in die letzten Jahre erschienenen Einzelstudien zu Cyrill von Alexandrien wie auch zu Nestorius und Apollinaris von Laodizea vgl. u. a. *B. Altaner – A. Stuiber,* Patrologie, Freiburg i. Br. [9]1980.

Namenregister

Bibelstellen-Register*

* Dieses Verzeichnis enthält auch solche Stellen, die nur auszugsweise und bruchstückartig wiedergegeben sind.

Inhalt